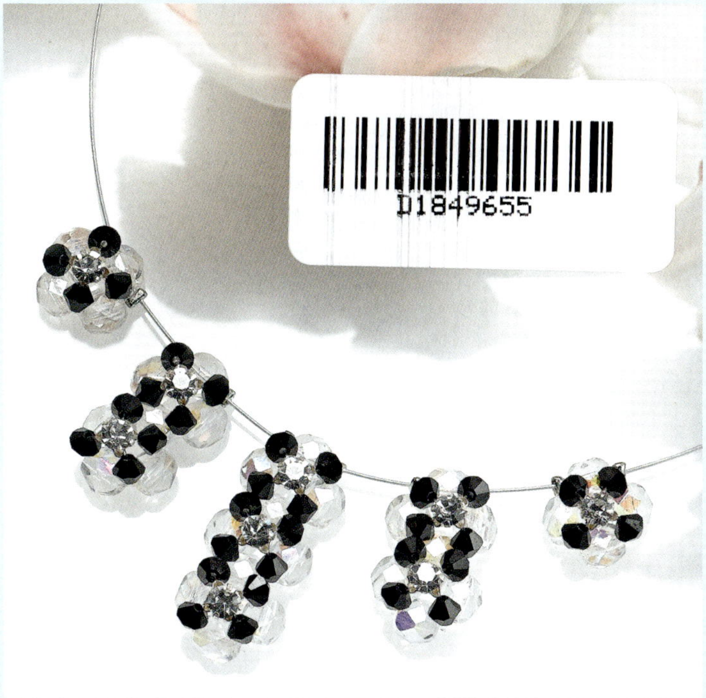

Grundkurs Swarovski®-Perlenschmuck

Ringe, Ketten und mehr

Im Grundkurs erfahren Sie alles Wichtige über Material und Werkzeug und erlernen mithilfe der bebilderten Schrittanleitungen verschiedene Schmucktechniken. Der zweite Buchteil enthält über 25 inspirierende Schmuckideen.

Alle im Grundkurs des Buches vorgestellten Techniken werden auf dem DVD-Video noch einmal ausführlich dargestellt.

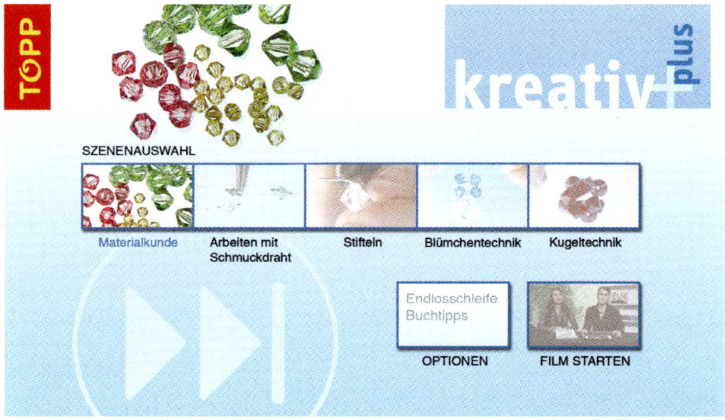

LUXUS

Lieben Sie glamourösen, einzigartigen Schmuck? Wollen Sie Ihren eigenen Stil verwirklichen und keine Massenware tragen? Haben Sie Freude an Kreativität und der Umsetzung eigener Ideen? Dann ist dieser Grundkurs genau das Richtige für Sie. Hier lernen Sie die wichtigsten Grundtechniken der Schmuckherstellung mit den berühmten Kristall-Schliffperlen von Swarovski®. Diese werden im Buch Schritt für Schritt ausführlich erklärt. Mit vielen Arbeitsschrittfotos und exakten und übersichtlichen Skizzen geht das Erlernen der Basistechniken wie von selbst.
Der besondere Clou an diesem Grundkurs ist die beiliegende DVD. Hier zeigt Ihnen die erfahrene und erfolgreiche Autorin Angelika Ruh „live" ganz anschaulich alle Grundtechniken, die auch im Buch erklärt werden. Zusätzlich gibt sie wertvolle Tipps und Hinweise, die gerade für Anfänger sehr hilfreich sind.
Haben Sie sich mit den Grundtechniken vertraut gemacht, finden Sie im Ideenteil des Buches eine Vielzahl weiterer Modelle, die alle auf den erklärten Techniken basieren. So haben Sie die Möglichkeit, sehr viele verschiedene Schmuckstücke herzustellen. Und wenn Sie dann noch z. B. Farben variieren, Ketten abändern oder Anhänger an verschiedene Bänder hängen, sind Ihrer Fantasie und Kreativität keine Grenzen gesetzt.
Ob als Geschenk oder um sich selbst eine Freude zu machen, selbst gemachter Schmuck aus Swarovski®-Perlen erregt Aufsehen und Bewunderung!

Werden Sie zum Designer eigener Schmuckstücke! Ich wünsche Ihnen dabei viel Spaß!

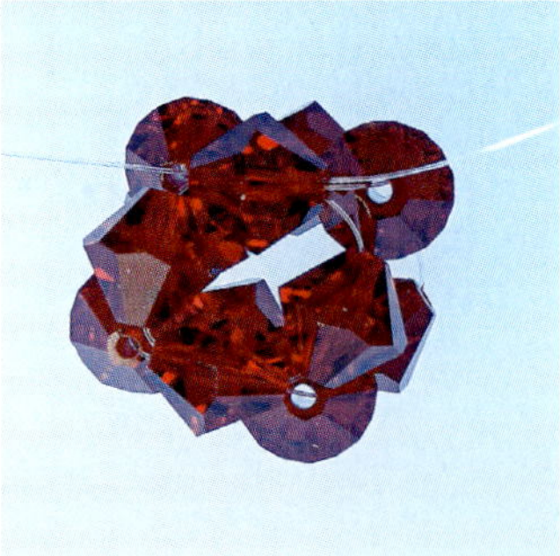

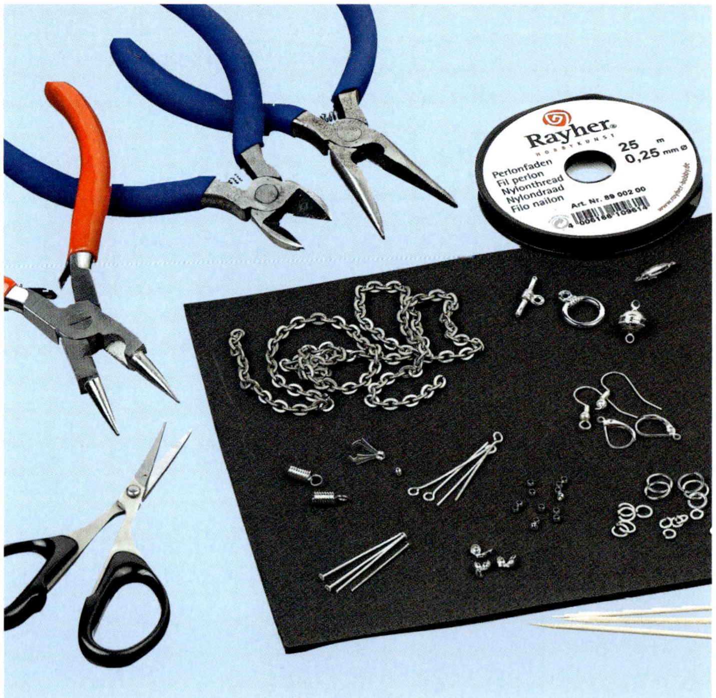
Rayher
25 m
0,25 mm ø
Perlonfaden
Fil perlon
Nylonthread
Nylondraad
Filo nailon

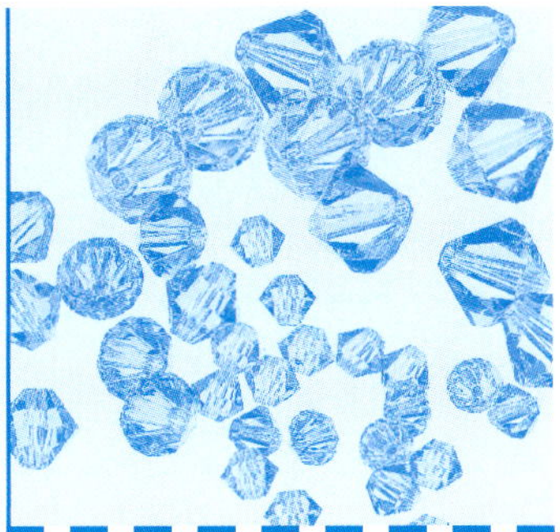

GRUNDKURS

Die Herstellung von Schmuck aus wunderschönen Swarovski®-Kristallschliffperlen ist aus der Welt der Kreativität seit einiger Zeit nicht mehr wegzudenken. Modebewusste Frauen jeden Alters sind von diesem edlen Material begeistert. Besonders toll ist es, dass mit recht einfach zu erlernenden Techniken geniale Schmuckstücke gefertigt werden können.

Vor mehr als hundert Jahren entwickelte der böhmische Kristallschleifer Daniel Swarovski eine automatische Schleifmaschine, mit der er schneller und perfekter als in Handarbeit Glas schneiden und veredeln konnte. So ließen sich aus hochwertigem Kristallglas facettierte Perlen, die wunderbar funkeln und das Licht auf die gleiche Weise reflektieren wie geschliffene Edelsteine und Diamanten, herstellen.
Heute ist der Name Swarovski® aus der Welt der Mode und des Schmucks nicht mehr wegzudenken. Die größten Modedesigner schmücken ihre edlen Kollektionen mit verschiedenen Elementen von Swarovski® und namhafte Schmuckdesigner verwenden Perlen, Strass und mehr für hochwertigen Modeschmuck.

Und weil der eigene Stil, Selbstverwirklichung und Kreativität in unserer heutigen Gesellschaft wichtige Aspekte sind, gibt es für alle, die selbst Schmuck kreieren möchten, eine große Auswahl an verschiedenen Swarovski®-Perlen im Fachhandel, die ständig erweitert und der aktuellen Mode angepasst wird. Ganz nach Geschmack können so elegante, ausgefallene, verspielte, romantische, schlichte oder pompöse Schmuckstücke gestaltet werden. Bewunderung und neidische Blicke sind garantiert!
Außerdem ist das Herstellen von Schmuck aus Swarovski®-Perlen ein Freizeitvergnügen, das riesigen Spaß macht und dabei noch entspannt. Das Schwelgen in den wunderbar schillernden Kristallperlen ist eine wahre Augenweide, das konzentrierte Fädeln lässt den Alltag und all seine Probleme für einige Zeit in Vergessenheit geraten. Ist ein Schmuckstück fertig gearbeitet, können Sie zu Recht stolz auf Ihr trendy, exklusives Designerstück sein und die Bewunderung der anderen genießen.

Das unten stehende Symbol zeigt Ihnen an, wenn Sie ein Kapitel des Grundkurses auch auf der DVD finden.

MATERIALKUNDE

PERLEN

Zur Herstellung wunderschöner, individueller Schmuckstücke aus Swarovski®-Perlen benötigen Sie natürlich vor allem Kristall-Schliffperlen von Swarovski®, die Sie in großer Auswahl im Handel bekommen. Diese können schön mit anderen Perlen und Materialien kombiniert werden. Je nach Technik und Anwendung werden dann noch einige zusätzliche Materialien benötigt. Einige Werkzeuge und Hilfsmittel sollten Sie noch bereit legen und schon können Sie mit der Kreation Ihrer Schmuckstücke beginnen.

Glasperlen in verschiedenen Farben und Formen eignen sich besonders gut für lange Ketten.

runde Kristall-Perlen von Swarovski® weisen die gleichen Eigenschaften wie die Doppelkegel auf, habe aber glatte Kanten.

Swarovski®-Schmuckaccessoires sind mit einer Fassung und zwei Ösen versehene Swarovski®-Steine. Sie sind in unterschiedlichen Farben und Formen erhältlich.

doppelkegelförmige Kristall-Schliffperlen von Swarovski® werden sehr häufig verwendet. Durch den Schliff haben sie recht scharfe Kanten.

Strasssteine zum Aufnähen sind hübsche Highlights.

Hinweis

Gutes Licht ist wichtig bei der Schmuckherstellung, denn die Augen müssen sich beim Arbeiten mit den schillernden Perlen sehr anstrengen.

Swarovski®-Kristall-Schmuckperlen in verschiedenen Formen setzen Highlights.

Rocailles sind Glasperlen. Sie werden in verschiedenen Größen und einer großen Farbauswahl angeboten.

Glasschliff-Perlen werden in verschiedenen Größen, Farben und Formen verwendet. Sie sind gelüstert, das heißt, sie schimmern regenbogenartig.

LEGENDE

Am häufigsten verwendete Perlen:

- Swarovski®-Kristall-Schliffperle, ø 4 mm
- Swarovski®-Kristall-Schliffperle, ø 6 mm
- Swarovski®-Kristall-Schliffperle, ø 8 mm
- runde Swarovski®-Kristall-Perle, ø 4 mm
- runde Swarovski®-Kristall-Perle, ø 6 mm
- Swarovski®-Kristall-Blüte, ø 6 mm
- Swarovski®-Kristall-Herz, 18 mm x 17,5 mm
- Swarovski®-Kristall-Scheibe, ø 6 mm
- Swarovski-Kristall-Tropfen, 11 mm x 5,5 mm
- Swarovski-Schmuckaccessoire, rund, ø 11 mm
- Swarovski-Schmuckaccessoire Blüte, ø 15 mm
- Swarovski-Schmuckaccessoire Kranz, ø 15 mm
- Swarovski-Schmuckaccessoire, oval, 17 mm
- Swarovski-Schmuckaccessoire Raute, 11 mm
- Glasschliff-Perle, ø 3 mm
- Glasschliff-Perle, ø 4 mm
- Glasschliff-Perle, ø 6 mm
- Strassstein zum Aufnähen, ø 4 mm
- Quetschperle
- Rocaille, ø 2 mm

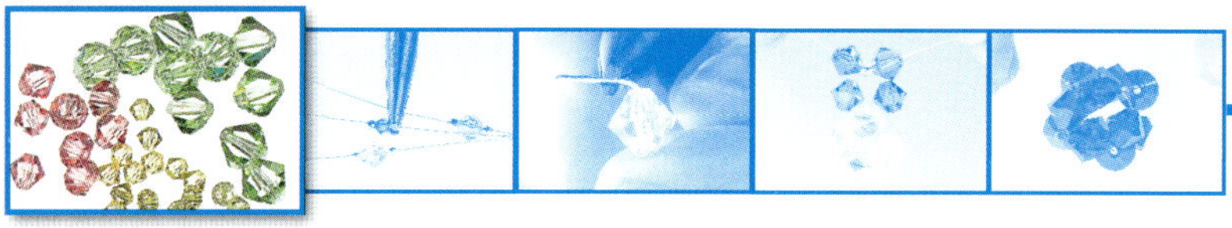

HILFSMITTEL UND ZUSÄTZLICHES MATERIAL

Tipps

Achten Sie bei Rocailles auf das Waschbarkeits-Symbol. Nicht waschbare Perlen verlieren durch das Tragen und den Hautkontakt ihre Farbe.

Zu allen Schmuckstücken finden Sie Fädelskizzen und farbige Skizzen, aus welchen die Farben der verwendeten Perlen ersichtlich werden.

Draht sollten Sie nicht mit einer Schere schneiden, die Sie noch anderweitig verwenden möchten.

Benützen Sie keinen Sekundenkleber, da der Nylonfaden sonst brüchig wird!

Sie sollten sich unbedingt an die Größenangaben der Perlen halten, damit die Schmuckstücke gelingen.

Die Farben der Schmuckstücke können Sie nach Ihrem Geschmack abändern.

In diesem Buch werden immer Quetschkalotten verwendet, deren Ösen nicht geschlossen sind und die sich so auf- und zubiegen lassen. Wenn das bei Ihrer Quetschkalotte nicht der Fall ist, hängen Sie diese mit einem kleinen Ringel am Verschluss ein (siehe hierzu auch Seite 10/11).

Kettelstifte sind Drahtstifte, die auf einer Seite eine kleine Öse haben. Sie sind in Silber, Gold und in verschiedenen Längen erhältlich.

transparenter Nylonfaden, ø 0, 25 mm, wird für viele Techniken benötigt.

Alleskleber sichert verknotete Nylonfäden.

Schmuckkleber wird für starre Verbindungen eingesetzt.

Verschlüsse sind in vielen verschiedenen Formen erhältlich.

Schmuckdraht, auch kunststoffummantelter Stahldraht genannt, wird in verschiedenen Farben und Stärken angeboten.

Moosgummiplatte als Arbeitsunterlage verhindert das Wegspringen der Perlen.

Zahnstocher, zum gezielten Anbringen von Klebstoff.

Quetschkalotten in Silber und Gold werden zum Anbringen von Verschlüssen verwendet.

Quetschperlen sind Metallperlen, die mit einer Flachzange zusammengedrückt werden und so Nylonfaden und Schmuckdraht einklemmen. Sie sind silber-rund goldfarben erhältlich.

Ringel, oval oder rund, sind in Silber, Gold und unterschiedlichen Größen erhältlich und werden in unterschiedlicher Funktion verwendet.

Pinzette, möglichst schmal, gerade und spitz zum Greifen von Draht, Nylonfaden und Bändern.

Klebehinweis

Schmuckkleber nur für starre Verbindungen verwenden, z. B. für das Anbringen von Broschennadeln oder das Aufkleben von Ohrringen auf fettfreier Klebefläche. Eventuell mit einem mit wenig Lösungsmittel (z. B. Nagellackentferner) benetztem Ohrenstäbchen reinigen. Verklebte Schmuckstücke über Nacht trocknen lassen.

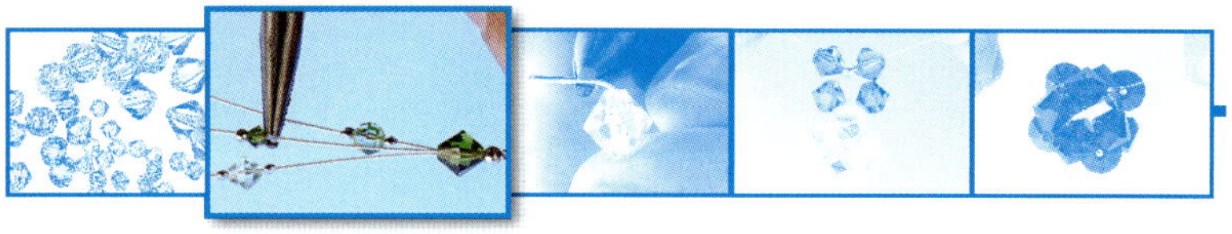

ARBEITEN MIT SCHMUCKDRAHT

Das Arbeiten mit Schmuckdraht ist eine unkomplizierte Technik, mit der Sie in kurzer Zeit tolle Schmuckstücke kreieren können. Diese wirken vor allem durch die verwendeten Farben und Formen der Perlen. Durch deren Variieren haben Sie unglaublich viele Gestaltungsmöglichkeiten. Das Grundprinzip dieser Technik ist einfach: Mithilfe von Quetschperlen werden z. B. Swarovski®-Perlen und Verschlüsse auf dem Draht fixiert.

COLLIER IN GRÜNTÖNEN

MATERIAL

- 8 Swarovski®-Perlen in Olive, ø 8 mm
- 7 Swarovski®-Perlen in Lindgrün, ø 6 mm
- 4 Swarovski®-Perlen in Smaragd, ø 4 mm
- 3 Swarovski®-Perlen in Olive, ø 4 mm
- 7 runde Swarovski®-Perlen in Jade, ø 6 mm
- Schmuckdraht in Silber, ø 0,4 mm, 3 x ca. 36 cm lang
- 44 Quetschperlen, versilbert, ø 1,8 mm
- Schmuckschließe in Silber, oval, 12,6 x 7,2 mm

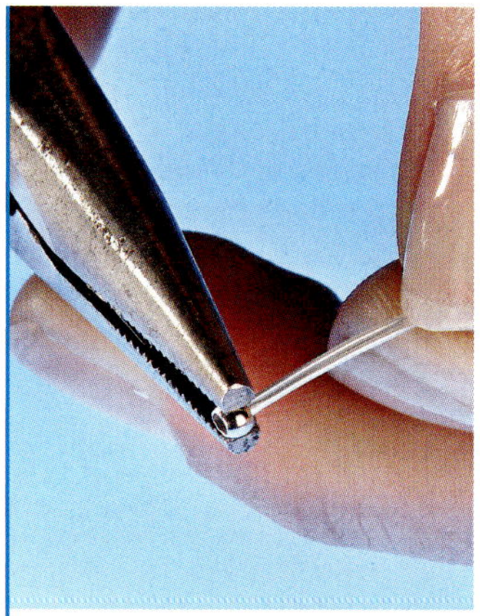

1 Die drei Schmuckdrahtstücke mit einer Kneifzange auf gleiche, je nach Halsumfang individuelle Länge zuschneiden (hier 36 cm). Auf einer Seite auf die drei Drahtenden gemeinsam eine Quetschperle ziehen. Diese ganz am Ende der Drähte durch kräftiges Zusammendrücken mit einer Flachzange fixieren. Dabei wird die Quetschperle komplett platt gedrückt.

2 Zur Montage der ersten Verschlussseite mit Hilfe eines Zahnstochers etwas Alleskleber in eine der Quetschkalotten tupfen.

3 Die eben an den Drahtenden angebrachte Quetschperle einlegen und die Kalotte mit der Flachzange vorsichtig schließen. **Wichtig:** Die Kalotte darf dabei nicht zerquetscht werden.

4 Eine Seite des Verschlusses in die Öse der Quetschkalotte einhängen.

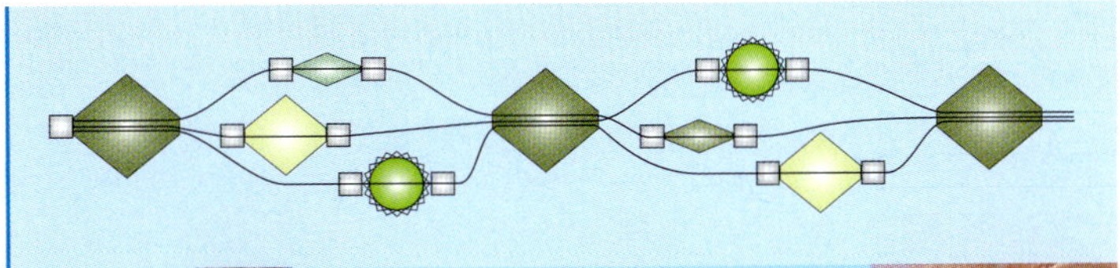

5 Alle Schmuckdrähte gemeinsam durch eine große, olivfarbene Swarovski®-Perle (ø 8 mm) ziehen. Dann auf jeden der Drähte eine Quetschperle, eine beliebige kleine Swarovski®-Perle und dann eine weitere Quetschperle aufziehen. Durch Zusammendrücken der Quetschperlen die kleinen Swarovski®-Perlen ca. 1,5 cm, 2,5 cm und 4 cm cm von der großen Perle entfernt auf den Drähten fixieren. Die Quetschperlen dabei möglichst dicht vor bzw. hinter den Perlen fixieren.
Wieder eine große Swarovski®-Perle (ø 8 mm) in Olive auf alle vier Drähte ziehen und diese so nach ca. 5 cm zusammenfassen. Arbeitsschritt wiederholen, bis alle Perlen aufgezogen und fixiert sind. Zum Schluss wieder eine große, olivfarbene Swarovski®-Perle (ø 8 mm) auf alle Drahtenden ziehen. Auf alle vier Drahtenden eine Quetschperle stecken und diese fixieren. Eventuell überstehende Drahtenden direkt nach der Quetschperle mit der Kneifzange abzwicken. Zum Anbringen der zweiten Seite des Verschlusses die Quetschkalotte wie unter Schritt 2 und 3 beschrieben montieren. In deren Öse den Verschluss einhängen.

Hinweise

Je nach gewünschter Länge benötigen Sie mehr oder weniger Perlen.

Wenn Sie nicht ganz sicher sind, in welchem Abstand Sie die Perlen anbringen möchten, können Sie auch zuerst alle Perlen und Quetschperlen aufziehen. Dann verteilen Sie diese gleichmäßig und fixieren erst dann die Quetschperlen.

Weitere Ideen mit **Schmuckdraht**

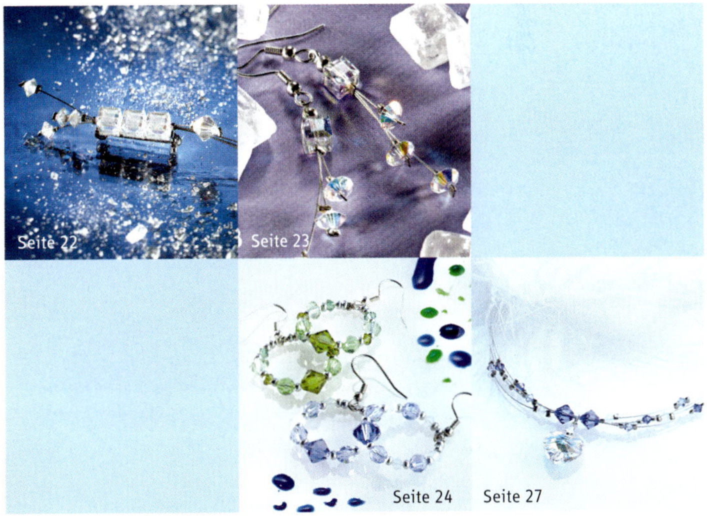

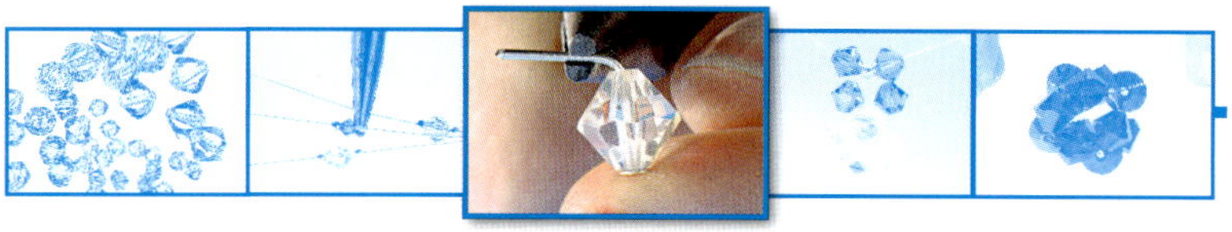

STIFTELN

Zum Stifteln unerlässlich sind Kettel- oder Prismenstifte. Die Technik beruht auf einem ganz einfachen Prinzip: Perlen werden auf die genannten Stifte aufgesteckt, ein Ende wird zu einer Öse gebogen und dann werden die Stifte auf unterschiedliche Arten miteinander verbunden. So können die verschiedensten Schmuckstücke ohne großen Aufwand hergestellt werden.

GRÜNE OHRHÄNGER

MATERIAL

- 2 Swarovski®-Schmuck-Accessoires in Russisch Grün, rund, 2 Ösen, ø 11 mm
- 2 Swarovski®-Schmuck-Accessoires in Jade, Blüte, 2 Ösen, ø 15 mm
- 2 Swarovski®-Perlen in Jade, ø 8 mm
- 2 Ringel, 925er Silber, ø 4 mm
- 2 Prismenstifte, 925er Silber, ø 0,8 mm, 30 mm lang
- 2 Ohrhaken, 925er Silber

Hinweis

Zwei Zangen zum Öffnen und Schließen eines Ringels sind praktisch, aber nicht unbedingt notwendig. Der Ringel kann auf einer Seite auch mit den Fingern festgehalten werden. Die Schmuck-Accessoires haben verschiedene Vorder- und Rückseiten. Sie müssen also darauf achten, sie richtig aneinander zu fügen und am Ohrhänger einzuhängen.

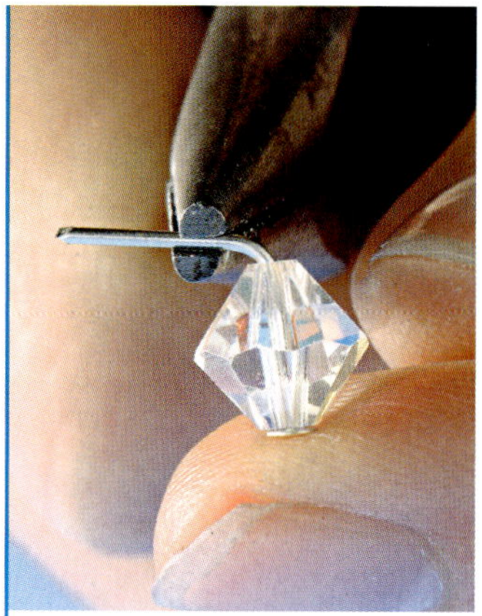

1 Eine mondsteinfarbene Swarovski® -Perle (ø 8 mm) auf einen Prismenstift stecken und diesen so weit kürzen (ca. 8 mm), dass gerade noch eine kleine Öse gebogen werden kann.

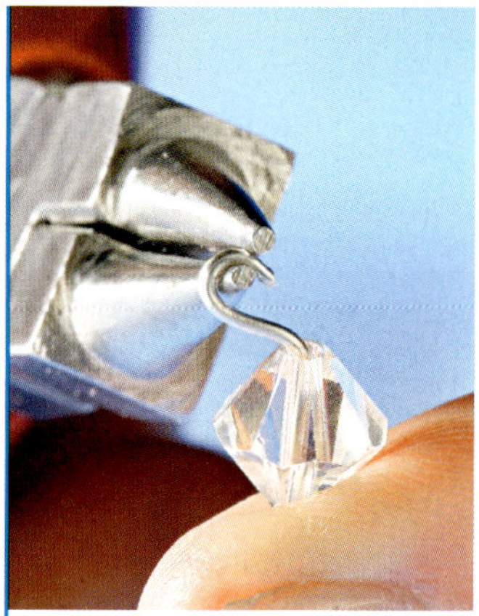

2 Dazu zunächst den Draht 90 Grad von sich weg biegen.

3 Dann den Draht am Ende mit einer Rundzange greifen und zu sich aufrollen.

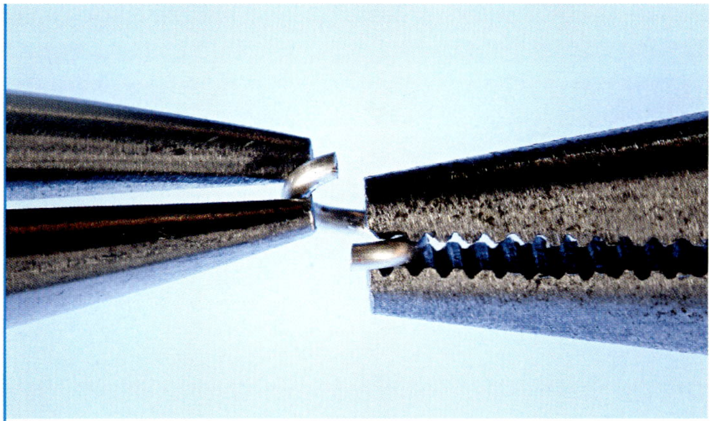

4 Einen Ringel aufbiegen. Dazu am besten mit zwei Zangen greifen. Zum Aufbiegen nicht seitlich auseinander ziehen, sondern unbedingt nach vorne und nach hinten aufbiegen, um die runde Form zu erhalten. Zum Schließen in die Gegenrichtung wieder zubiegen.

5 Den Ringel in die Öse der Blüte und in die vorbereitete Öse des mit der Perle versehenen Prismenstiftes einhängen. Den Ringel schließen.

6 An der anderen Öse der Blüte mit einem weiteren Ringel das runde Schmuck-Accessoire befestigen. Die Öse am Ohrhänger aufbiegen (dazu genauso wie unter Schritt 4 beim Ringel beschrieben vorgehen). Das Schmuck-Accessoire einhängen. Die Öse wieder schließen. Den zweiten Ohrhänger genauso arbeiten.

Weitere Ideen zum **Stifteln**

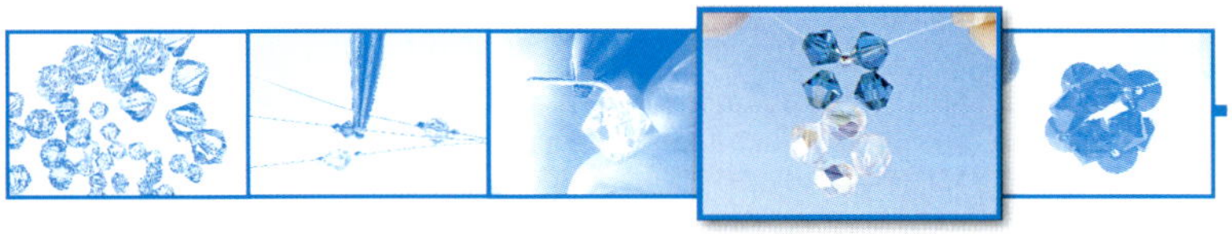

BLÜMCHEN-TECHNIK

Eine etwas schwierigere, aber sehr vielseitige Fädeltechnik ist das Blümchenmuster. Wie schon der Name sagt, werden Swarovski®-Perlen auf Nylonfaden so aufgefädelt, dass sie an kleine Blüten erinnern. Dieses effektvolle Muster besteht aus einer Oberseite aus Swarovski®-Perlen, welche die Blütenblätter bilden und Blütenmitten aus Rocailles. Die Unterseite wird aus Glasschliff-Perlen gearbeitet.

BLÜMCHENRING MIT VIER BLÜTEN

MATERIAL

- 8 Swarovski®-Perlen in Nachtblau, ø 6 mm
- 8 Swarovski®-Perlen in Indisch Türkis, ø 6 mm
- 4 Rocailles in Silber, ø 2 mm
- 12 Glasschliff-Perlen in Bergkristall, ø 6 mm
- ca. 32 - 40 Glasschliff-Perlen in Bergkristall, ø 3 mm
- Nylonfaden, ø 0,25 mm, ca. 1 m lang

Hinweis

Um die Skizzen übersichtlich zu machen, werden die im Arbeitsschritt neu hinzukommenden Perlen dunkler als die bereits aufgefädelten Perlen dargestellt.

1 Für die Unterseite der ersten Blüte drei Glasschliff-Perlen (ø 6 mm) auf den Nylonfaden aufnehmen und die Fadenenden durch eine weitere, vierte Glasschliff-Perle (ø 6 mm, mit Pfeil markiert) kreuzen. Die Arbeit in die Mitte des Fadens ziehen, beide Fadenenden müssen gleich lang sein, denn es wird mit beiden Fadenenden weiter gearbeitet.

2 Für die erste Blüte auf der Oberseite auf jedes Fadenende eine Swarovski®-Perle in Türkis aufnehmen und die Fäden durch eine Rocaille kreuzen. Nochmals auf jeden Faden eine Swarovski®-Perle in Türkis aufnehmen.

3 Nun die Fäden durch die mit Pfeil markierte Glasschliff-Perle auf der Unterseite kreuzen.

4 Die Fäden anziehen. So legt sich die Blüte auf die Unterseite und wird mit dieser verbunden.

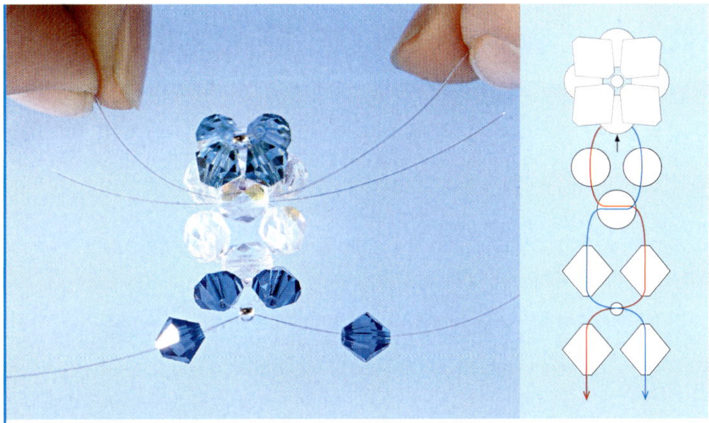

5 Für die Unterseite der zweiten Blüte auf jedes Fadenende eine Glasschliff-Perle (ø 6 mm) aufnehmen und die Fäden durch eine weitere Glasschliff-Perle (ø 6 mm) kreuzen. Für die Blüte auf der Oberseite auf jedes Fadenende eine Swarovski®-Perle in Nachtbau aufnehmen und die Fäden durch eine Rocaille kreuzen. Nochmals auf jeden Faden eine Swarovski®-Perle in Nachtblau aufnehmen und durch die mit Pfeil markierte Glasschliff-Perle im Untergrund kreuzen, um die Blüte mit der Unterseite zu verbinden.

Hinweis

Die Fäden werden häufig durch eine Perle gekreuzt, dies bedeutet, dass die beiden Fadenenden in entgegen gesetzter Richtung durch eine Perle geführt werden.

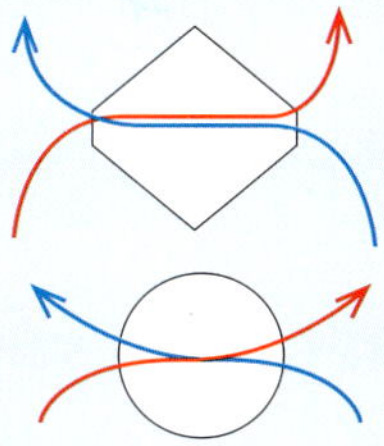

Um den Fadenlauf zu verdeutlichen, sind die Fadenenden in Blau und Rot dargestellt.
Beim Fädeln unbedingt auf gute Fadenspannung achten!

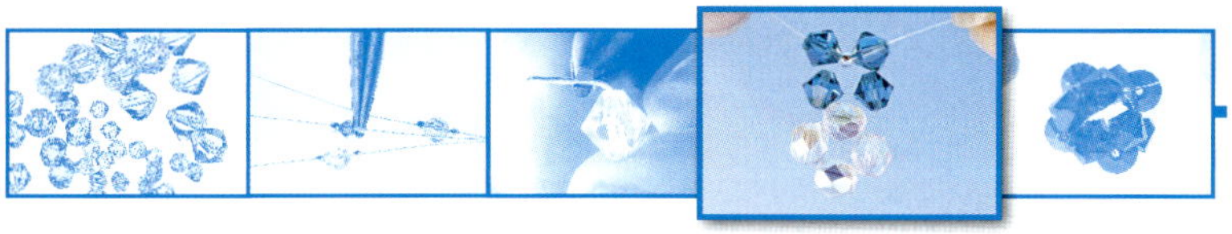

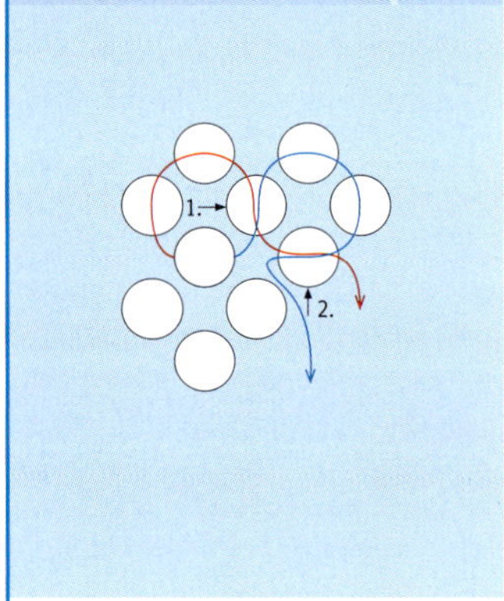

6 Nun wird die Fädelrichtung gewechselt, um die dritte Blüte neben der zweiten anbringen zu können. Dazu die Fäden durch den bereits ausgearbeiteten Untergrund der zweiten Blüte fädeln und durch die mit Pfeil 1 markierte Perle kreuzen. Dann auf den blau dargestellten Faden zwei Glasschliff-Perlen (ø 6 mm) aufnehmen und die Fadenenden durch eine weitere Glasschliff-Perle (ø 6 mm) kreuzen (Pfeil 2).

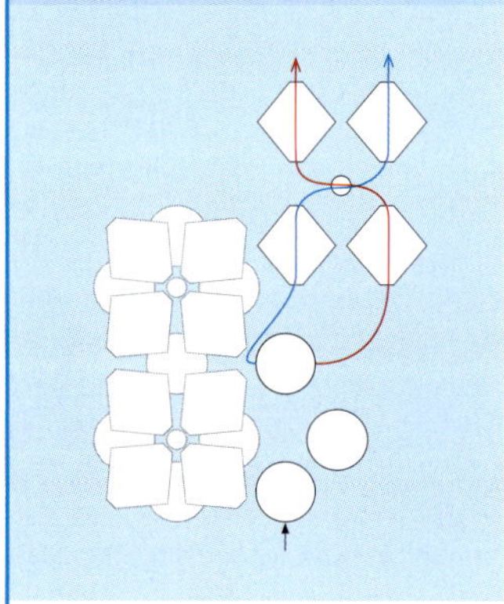

7 Abb. 6 zeigt das gewendete Arbeitsstück und die Ausarbeitung der dritten Blüte. Dafür auf jedes Fadenende eine Swarovski®-Perle in Indisch Türkis aufnehmen und die Fäden durch eine Rocaille kreuzen. Nochmals auf jeden Faden eine Swarovski®-Perle in Indisch Türkis aufnehmen und durch die mit Pfeil markierte Glasschliff-Perle des Untergrunds kreuzen.

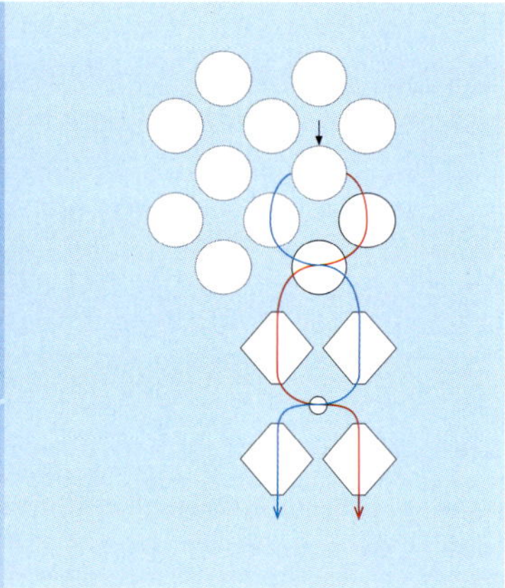

8 Arbeitsstück wieder wenden und den blauen Faden durch die bereits eingearbeitete Glasschliff-Perle führen. Auf den rot dargestellten Faden eine Glasschliff-Perle (ø 6 mm) aufnehmen und die Fadenenden durch eine weitere Glasschliff-Perle (ø 6 mm) kreuzen. Für die Ausarbeitung der letzten Blüte auf jedes Fadenende eine Swarovski®-Perle in Nachtbau aufnehmen und die Fäden durch eine Rocaille kreuzen. Nochmals auf jeden Faden eine nachtblaue Swarovski®-Perle aufnehmen und durch die mit Pfeil markierte Glasschliff-Perle der Unterseite kreuzen.

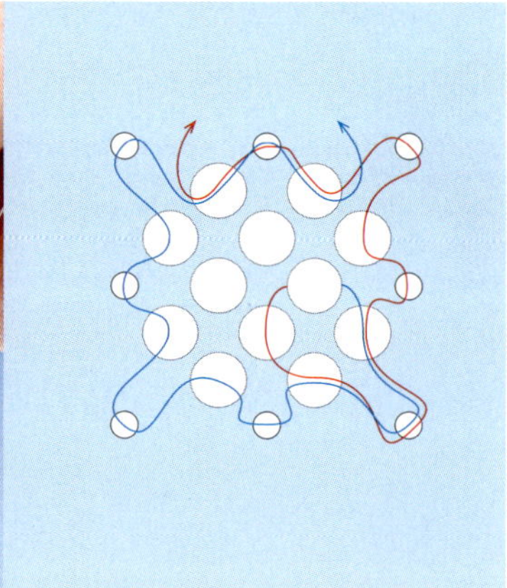

9 Um die Lücken zwischen den äußeren Glasschliff-Perlen zu schließen, in diese je eine kleine Glasschliff-Perle (ø 3 mm) fädeln. Dazu die Fadenenden durch die großen Glasschliff-Perlen führen und die kleinen Perlen aufnehmen.

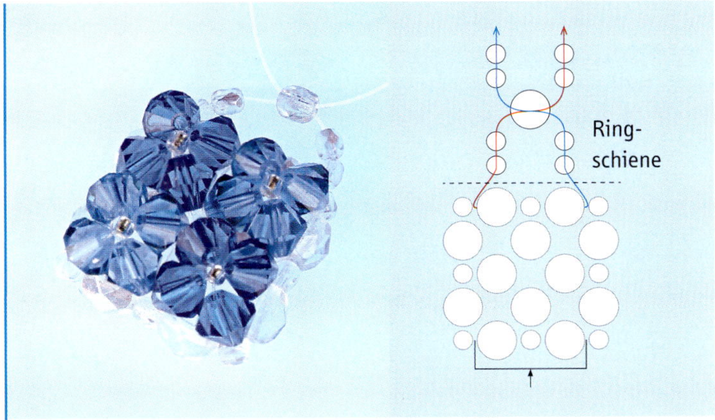

10 Für die Ringschiene auf jedes Fadenende zwei Glasschliff-Perle (ø 3 mm) aufnehmen und die Fäden durch eine Glasschliff-Perle (ø 4 mm) kreuzen.

11 Das Muster der Ringschiene so lange fortführen, bis die Ringschiene lang genug ist. Den Ring also immer wieder anprobieren. Die Ringschiene durch Kreuzen in den drei mit Klammer und Pfeil markierten Glasschliff-Perlen schließen.

12 Anschließend dem Muster folgend die Ringschiene nochmals zurück fädeln. So wird der Ring stabil. Nun die Fäden an einer unauffälligen Stelle miteinander verknoten. Mithilfe eines Zahnstochers Alleskleber auf den Knoten geben, dann nochmals verknoten. Den Knoten möglichst in eine Perle ziehen, dann die überstehenden Fadenenden abschneiden. Es ist auch möglich die Knoten statt zu verknoten so lange im Muster zu verweben, bis sie fest sitzen. Eine sehr elegante, aber etwas mühevolle Arbeit.

Weitere Ideen in der **Blümchentechnik**

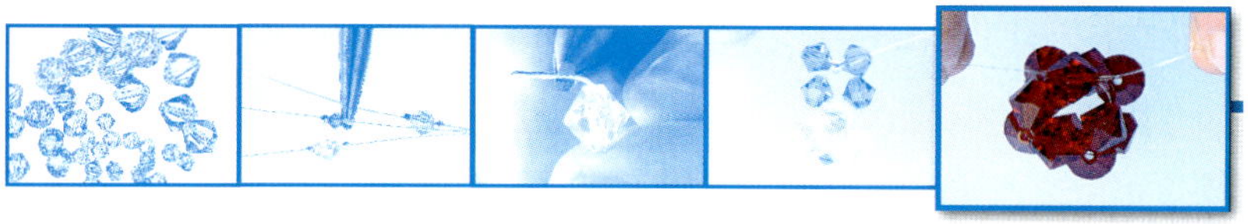

KUGELTECHNIK

MATERIAL
- 12 Swarovski®-Perlen in Granat, ø 8 mm
- Nylonfaden, ø 0,25 mm, ca. 1 m lang
- Satinband, 3 mm breit, je 2 x ca. 38 cm in Hellrosa, Pink und Weinrot
- 2 Verbinder für Lederriemen in Platin, 2 mm
- Ringel in 925 Silber, ø 5 mm
- Karabinerschließe in Silber, 13 mm

Eine Kugel zu fädeln mag sich schwierig anhören, ist aber im Grunde ganz einfach. Aus nur 12 Swarovski®-Perlen und etwas Nylonfaden ist eine dekorative und vielseitig verwendbare Kugel recht schnell gemacht. Ohne Probleme können Sie die Kugel beispielsweise auch aus runden Swarovski®-Perlen oder aus Glas-Wachsperlen arbeiten – schön sind sie alle.

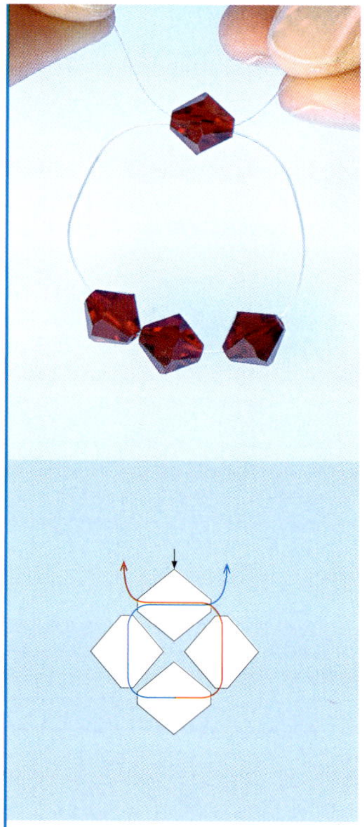

1 Auf den Nylonfaden drei Swarovski®-Perlen aufnehmen und die Fadenenden durch eine vierte Perle (mit Pfeil markiert) kreuzen (siehe auch Seite 15). Das Arbeitsstück in die Mitte des Fadens ziehen, damit beide Fadenenden gleich lang sind.

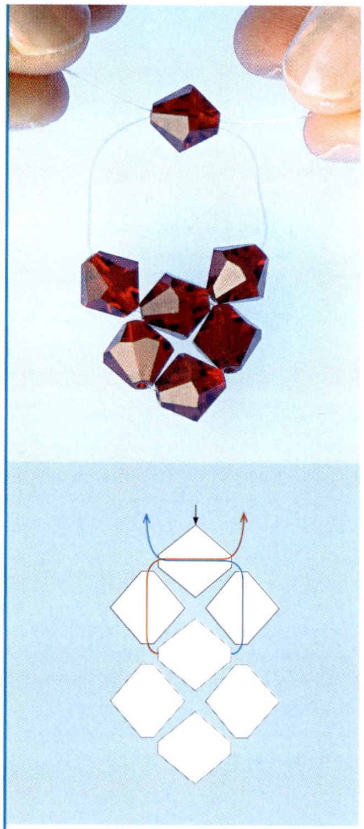

2 Auf jedes Fadenende eine Swarovski®-Perle fädeln und die Fadenenden durch eine weitere Perle (mit Pfeil markiert) kreuzen.

3 Wieder auf jedes Fadenende eine Swarovski®-Perle auffädeln und die Fadenenden durch eine weitere Perle (mit Pfeil markiert) kreuzen.

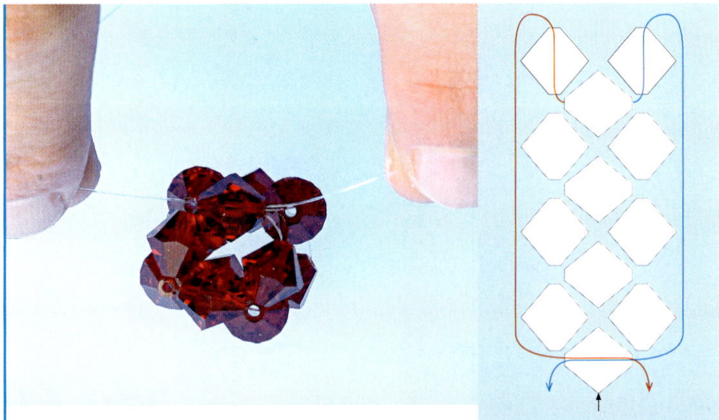

4 Nochmals auf jedes Fadenende eine Swarovski®-Perle auffädeln. Die Fadenenden zum Schließen der Kugel durch die mit Pfeil markierte Swarovski®-Perle kreuzen. Um die Kugel zu stabilisieren beide Fadenenden möglichst lange und sorgfältig im Arbeitsstück verweben. Dann die Fäden an einer unauffälligen Stelle miteinander verknoten. Mithilfe eines Zahnstochers Alleskleber auf den Knoten geben, dann nochmals verknoten. Den Knoten möglichst in eine Perle ziehen, dann die überstehenden Fadenenden abschneiden (siehe auch Seite 17).

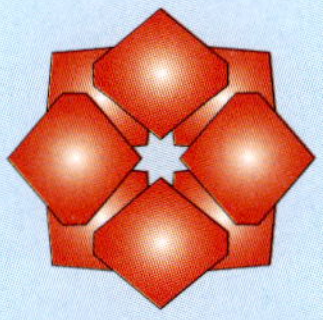

5 Die Satinbänder aufeinander legen, die Enden einer Seite zusammenfassen, mit etwas Alleskleber bestreichen. Dann mithilfe der Pinzette in den Riemenverbinder schieben. Die letzte Windung des Riemenverbinders mit der Flachzange nach unten drücken. In die Öse des Riemenverbinders einen Ringel einhängen (siehe hierzu auch Seite 13).

6 Etwas Nylonfaden mittig um die Bänder schlingen, diesen vorsichtig durch die Kugelmitte ziehen und dabei die Satinbänder mit durchziehen. Auf der anderen Seite der Bänder den zweiten Riemenverbinder wie links beschrieben anbringen. In seine Öse den Karabiner einhängen.

Weitere Ideen in der **Kugeltechnik**

SCHMUCK-IDEEN

Nachdem Sie sich auf den vorangegangenen Seiten mit den vier Grundtechniken der Schmuckherstellung vertraut gemacht haben und vielleicht auch schon ein Basismodell nachgearbeitet haben, können Sie nun auf den folgenden Seiten Ihr neu erlerntes Wissen anwenden.

Wir zeigen Ihnen eine Vielzahl an tollen Schmuckideen, die alle auf den vier Basistechniken basieren. Unzählige Variationsmöglichkeiten ergeben sich durch die Verwendung anderer Perlenformen oder Größen, durch die verschiedenen Arten des Aneinanderfügens von einzelnen Elementen, durch die Kombination mit anderen Materialien oder auch durch das Kombinieren der einzelnen Techniken miteinander.

Ob Ohrringe, Ketten, Armbänder, Ringe, Broschen oder Anhänger, alle Ideen sind einfach nachzuarbeiten und sehr effektvoll.

Edel, elegant oder extravagant – hier ist für jeden Geschmack etwas dabei. Und wenn Ihnen ein Modell in den gezeigten Farben nicht zusagt – Variieren ist immer möglich. So wirkt die Perlenkette von Seite 53 in den vorgeschlagenen Farben eher gediegen. Greifen Sie aber z. B. zu rosa Glas-Wachsperlen und arbeiten die Schmuckelemente aus roten und rosafarbenen Swarovski®-Perlen, macht die Kette einen jugendlichen und modernen Eindruck. Natürlich können Sie auch die Anzahl der Schmuckelemente abändern. Ob Sie die Kette nur mit einem, je nach Geschmack großem oder kleinem Swarovski®-Element oder mit mehreren kleinen Elementen bestücken, ob Sie zwischen die Wachsperlen noch mehr oder auch größere Swarovski®-Perlen fädeln – die Kette wirkt immer anders.

Sie sehen also, mit Fantasie und Mut zum Ausprobieren können Sie mit recht einfachen Grundtechniken die schönsten Schmuckstücke schaffen.

Bei jeder Schmuckidee finden Sie eine umfassende Materialliste. Legen Sie sich die benötigten Materialien vor dem Anfertigen des Schmuckstücks bereit. Auch Angaben zur verwendeten Schmucktechnik und zum Schwierigkeitsgrad sind enthalten. Die einzelnen Schmuckideen sind in folgenden Schwierigkeitsgraden unterteilt:

einfach

etwas schwieriger

anspruchsvoll

VIELSEITIGER SCHMUCKDRAHT

BROSCHE

Brosche

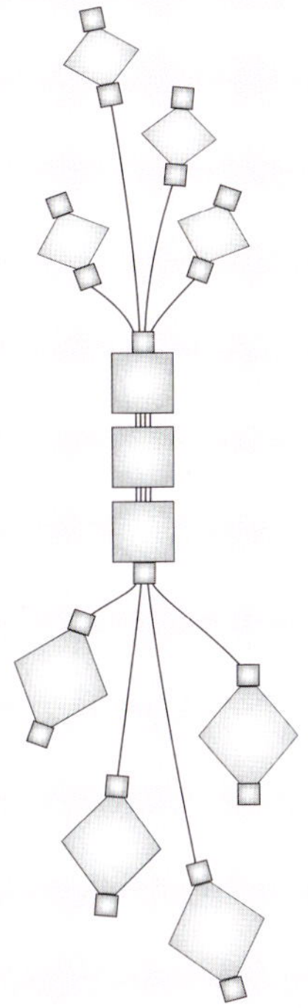

Ohrhänger

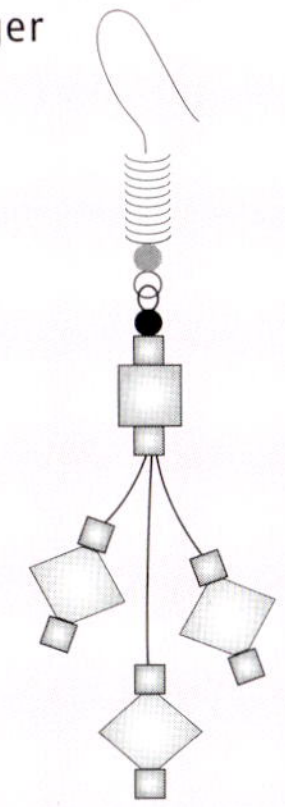

1 An einem Ende jedes Schmuckdrahtstückes mit Hilfe von Quetschperlen je eine Swarovski®-Scheibe befestigen. Alle vier Drähte durch eine Quetschperle, die drei Würfel und eine weitere Quetschperle ziehen.

2 Die Drähte gemäß der Skizze so arrangieren, dass sie in verschiedenen Längen ober- und unterhalb der Würfel austreten. Die Drähte und die dicht aneinander liegenden Würfel durch Zusammendrücken der Quetschperlen fixieren.

3 Auf den anderen Enden der Drähte mit Hilfe weiterer Quetschperlen die Swarovski®-Perlen in Mondstein (ø 8 mm) befestigen.

4 Die Würfel auf der Rückseite mit Schmuckkleber (Klebehinweise auf Seite 9 unbedingt beachten) einstreichen und auf die Broschennadel kleben. Die so zusammengefügte Brosche am besten mit Klebeband fixieren, bis der Schmuckkleber getrocknet ist.

OHRHÄNGER

1 Für einen Ohrring drei Drähte unterschiedlicher Länge gemeinsam durch einen Würfel ziehen. Die Enden auf einer Seite bündig anordnen und ganz am Ende mit einer Quetschperle zusammenfassen und fixieren. Über dieser Quetschperle eine Quetschkalotte montieren (siehe Seite 10/11) und in deren Öse den Ohrhaken hängen. Den Würfel ganz dicht an die Quetschkalotte schieben.

2 Auf der gegenüberliegenden Seite wieder alle Drähte mit Hilfe einer Quetschperle zusammenfassen und möglichst dicht am Würfel fixieren.

3 An den Enden der Drähte jeweils eine Scheibe mit je zwei Quetschperlen fixieren.

TECHNIK

Schmuckdraht (S. 10/11)

SCHWIERIGKEITSGRAD

MATERIAL BROSCHE

- 3 Swarovski®-Würfel in Mondstein, 8 mm x 8 mm
- 4 Swarovski®-Scheiben in Mondstein, ø 6 mm
- 4 Swarovski®-Perlen in Mondstein, ø 8 mm
- 18 Quetschperlen, versilbert, ø 1,8 mm
- Schmuckdrahtreste, je 1 x 10 cm, 8,5 cm, 8 cm und 7 cm lang
- Broschennadel in Silber, 25 mm lang

OHRHÄNGER

- 2 Swarovski®-Würfel in Mondstein, 6 mm x 6 mm
- 6 Swarovski®-Scheiben in Mondstein, ø 6 mm
- 16 Quetschperlen, versilbert, ø 1,8 mm
- 2 Quetschkalotten in Platin, ø 3 mm
- Schmuckdrahtreste, je 2 x ca. 4,5 cm, 3,5 cm und 3 cm lang
- 2 Ohrhaken in Silber

CREOLEN

TECHNIK
Schmuckdraht (S. 10/11)

SCHWIERIGKEITSGRAD

MATERIAL

CREOLEN IN GRÜN

- 4 Swarovski®-Perlen in Smaragd, ø 4 mm
- 4 Swarovski®-Perlen in Olive, ø 4 mm
- 4 Swarovski®-Perlen in Lindgrün, ø 6 mm
- 4 runde Swarovski®-Perle in Jade, ø 6 mm
- 2 Swarovski®-Perlen in Olive, ø 8 mm
- 24 Rocailles in Silber, ø 2 mm
- 4 Quetschperlen, versilbert, ø 1,8 mm
- Schmuckdraht, 2 x ca. 15 cm lang
- 2 Ohrhaken in Silber

CREOLEN IN BLAU

- 8 Swarovski®-Perlen in Weißopal, ø 4 mm
- 8 runde Swarovski®-Perlen in Azurblau, ø 6 mm
- 2 Swarovski®-Perlen in Royalblau, ø 8 mm
- 24 Rocailles in Silber, ø 2 mm
- 4 Quetschperlen, versilbert, ø 1,8 mm
- Schmuckdraht, 2 x ca. 15 cm lang
- 2 Ohrhaken in Silber

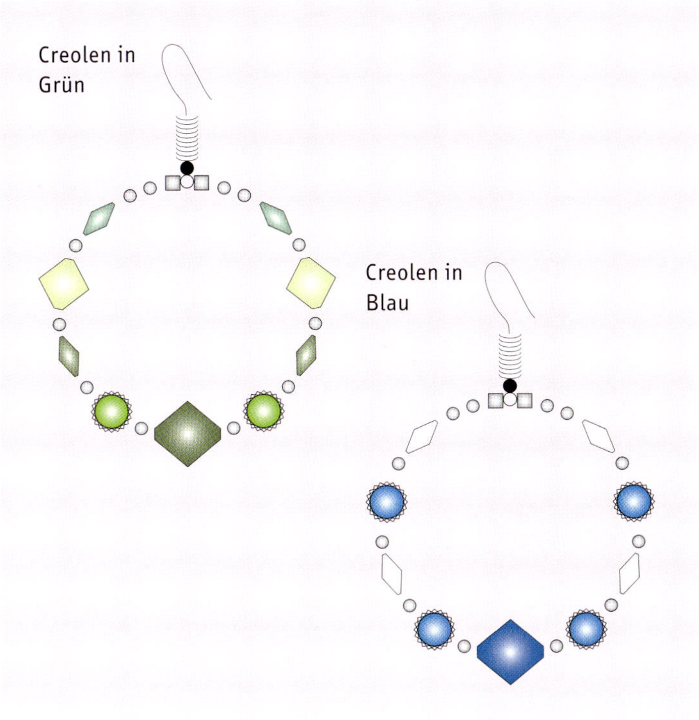

1 Auf einen Schmuckdraht gemäß Skizze die Perlen auffädeln, am Anfang und am Ende je eine Quetschperle aufziehen.

2 Die überstehenden Drahtenden durch die Quetschperlen kreuzen und möglichst durch die daneben liegenden Rocailles weiterführen. Die Drähte anziehen, dann die Quetschperlen fixieren und die überstehenden Drahtreste abzwicken.

3 Die Öse am Ohrring aufbiegen (siehe auch Seite 13) und den Perlenring einhängen. Den zweiten Ohrring genauso arbeiten.

COLLIER MIT HERZ

TECHNIK
Schmuckdraht (S. 10/11)

SCHWIERIGKEITSGRAD

MATERIAL
- 2 Swarovski®-Perlen in Royalblau, ø 8 mm
- 4 Swarovski®-Perlen in Royalblau, ø 4 mm
- 4 Swarovski®-Perlen in Weißopal, ø 4 mm
- 4 Swarovski®-Perlen in Azurblau, ø 4 mm
- Swarovski®-Herz in Mondstein, 18 mm x 17,5 mm
- Schmuckdraht in Silber, ø 0,4 mm, 4 x ca. 36 cm lang
- 2 Ringel in 925er Silber, ø 5 mm
- Schlupe, versilbert, 8 mm
- 26 Quetschperlen, versilbert, ø 1,8 mm
- 2 Quetschkalotten in Platin, ø 4 mm
- Karabinerschließe in Silber, 13 mm lang

1 Die vier Schmuckdrahtstücke auf gleiche, jedoch je nach Halsumfang individuelle Länge zuschneiden.

2 Das Herz in die Schlupe einhängen. In die Öse der Schlupe einen Ringel einhängen (Auf- und zubiegen siehe Seite 13).

3 Alle Drahtstücke durch eine Swarovski®-Perle in Royalblau (ø 8 mm), das Herz und wieder eine Swarovski®-Perlen in Royalblau (ø 8 mm) ziehen. Alles in die Mitte der Drähte schieben.

4 Die restlichen Swarovski®-Perlen (ø 4 mm) mit je einer davor und dahinter liegenden Quetschperle gemäß Abbildung auf den Drähten verteilen und fixieren.

5 Die Enden der Drähte auf jeder Seite mit je einer Quetschperle zusammenfassen, evtl. überstehende Drahtenden abzwicken. Die Quetschkalotten montieren (siehe Seite 10/11). In eine Öse den Karabiner und in die andere Öse den Ringel einhängen.

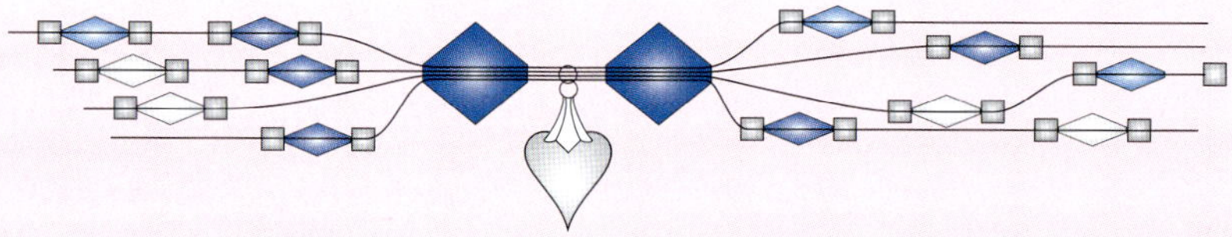

SCHNELL GESTIFTELT

OHRHÄNGER

Rosa Ohrhänger

Diese Ohrhänger werden genauso wie die grünen, in der Grundanleitung auf Seite 12/13 beschriebenen Ohrhänger gearbeitet. Zur Zusammenstellung orientieren Sie sich bitte an der Skizze.

Kirschohrhänger

1 Die roten Swarovski®-Perlen und zweimal fünf und zweimal drei Rocailles auf einen Prismenstift stecken. Die Stifte hinter den Rocailles zu Ösen biegen.

2 Die vier Ringel ineinander und in die Öse des Ohrhakens hängen. In den untersten Ringel pro Ohrring zwei mit Perlen bestückte Prismenstifte hängen (einmal mit drei und einmal mit fünf Rocailles).

3 Mit der Kneifzange vorsichtig je eine Öse an den ovalen Schmuck-Accessoires abzwicken. Pro Ohrring eines dieser Elemente in den obersten und eines in den zweiten Ringel von unten einhängen.

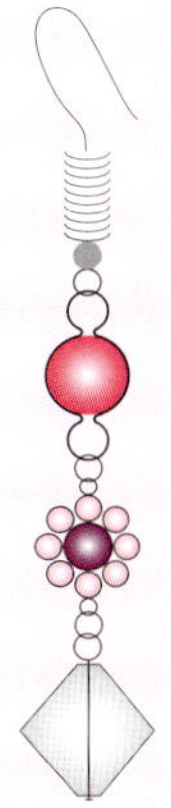

TECHNIK
Stifteln (S. 12/13)

SCHWIERIGKEITSGRAD

MATERIAL ROSA OHRHÄNGER
- 2 Swarovski®-Schmuck-Accessoires in Fuchsia, rund, 2 Ösen, ø 11 mm
- 2 Swarovski®-Schmuck-Accessoires in Violett, Blüte, 2 Ösen, ø 15 mm
- 2 Swarovski®-Perlen in Mondstein, ø 8 mm
- 4 Ringel, 925 Silber, ø 4 mm
- 2 Prismenstifte, 925er Silber, 0,8 mm stark, 30 mm lang
- 2 Ohrhaken in Silber

KIRSCH-OHRHÄNGER
- 4 runde Swarovski®-Perlen in Granat, ø 6 mm
- 4 Swarovski®-Schmuck-Accessoires in Russisch Grün, oval, 2 Ösen, 17 mm
- Rocailles in Grün, ø 2 mm
- 8 Ringel, 925er Silber, ø 4 mm
- 4 Prismenstifte, 925er Silber, ø 0,8 mm, 30 mm lang
- 2 Ohrhaken, 925er Silber

TRAUBENOHRHÄNGER

TECHNIK
Stifteln (S. 12/13)

SCHWIERIGKEITSGRAD

MATERIAL OHRHÄNGER IN GOLDGELB-JADE
- 10 runde Swarovski®-Perlen in Goldgelb, ø 6 mm
- 10 runde Swarovski®-Perlen in Jade, ø 6 mm
- 10 Ringel, 925er Silber, ø 5 mm
- 20 Prismenstifte, 925er Silber, ø 0,8 mm, 30 mm lang
- 2 Ohrhaken, 925er Silber

OHRHÄNGER IN WEISSOPAL-TÜRKIS
- 10 Swarovski®-Perlen in Weißopal, ø 6 mm
- 10 Swarovski®-Perlen in Indisch Türkis, ø 6 mm
- 10 Ringel, 925er Silber, ø 5 mm
- 20 Prismenstifte, 925er Silber, ø 0,8 mm, 30 mm lang
- 2 Ohrhaken, 925er Silber

Ohrhänger in Goldgelb-Jade

1 Jede Perle einzeln auf einen Prismenstift stecken und dessen Ende zu einer Öse biegen.

2 Die fünf Ringel ineinander und dann in die Öse des Ohrhakens einhängen. Dann in jeden der Ringel eine goldgelbe und eine jadefarbene Perle hängen.

Ohrhänger in Weißopal-Türkis

Diese Ohrringe werden genauso wie oben beschrieben gearbeitet.

Tipp

Sie können die Ohrhänger durch weitere Stifte, Perlen und Ringel beliebig länger arbeiten.
Die Gewichtszunahme sollte jedoch beachtet werden.

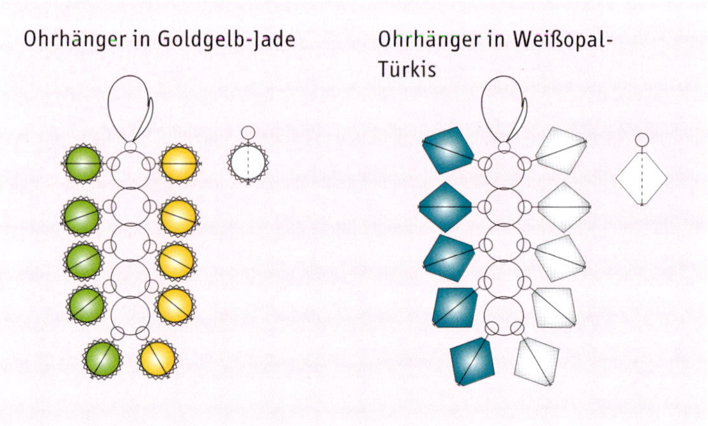

CHANDELIERS

TECHNIK
Stifteln (S. 12/13)

SCHWIERIGKEITS-GRAD

MATERIAL
- 6 Swarovski®-Schmuck-Accessoires in Koralle, oval, 2 Ösen, 17 mm
- 6 Swarovski®-Schmuck-Accessoires in Jade, oval, 2 Ösen, 17 mm
- 2 Swarovski®-Schmuck-Accessoires in Koralle, Kranz, 2 Ösen, 15 mm
- 12 Ringel, 925er Silber, oval, 4,5 x 3,5 mm
- 2 Ohrhaken in Silber

1 Pro Ohrring einen Kranz direkt in die Öse des Ohrhakens einhängen. In die andere Öse des Kranzes drei ineinander gehängte Ringel einhängen.

2 Mit einer Kneifzange vorsichtig an jedem der ovalen Schmuck-Accessoires in Koralle eine Öse abzwicken. Jedes dieser Elemente mit einem Ringel an einem ovalen Schmuck-Accessoire in Jade befestigen.

3 Zwei dieser Elemente direkt in den zweituntersten Ringel einhängen. Das dritte Element in den untersten Ringel einhängen.

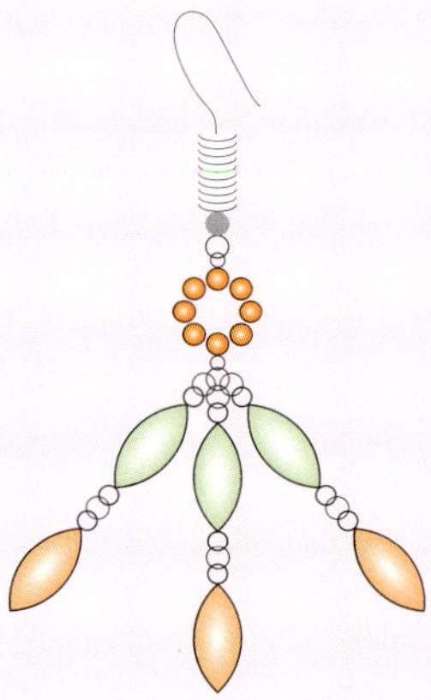

Y-KETTE

1 Die einzelnen Schmuck-Accessoires mit Ringeln aneinander hängen. Am untersten Kranz die untere Öse mit einer Kneifzange vorsichtig abzwicken.

2 Die Ankerketten mit Ringeln an den obersten Rauten einhängen. Ggf. die Ankerketten entsprechend des Halsumfangs kürzen.

3 An einem Ende der Ankerkette einen Ringel und auf der anderen Seite mit Hilfe eines Ringels den Karabiner einhängen.

TECHNIK
Stifteln (S. 12/13)

SCHWIERIGKEITSGRAD

MATERIAL

- 12 Swarovski®-Schmuck-Accessoires in Jade, Raute, 2 Ösen, 11 mm
- Swarovski®-Schmuck-Accessoires in Jade, oval, 2 Ösen, 17 mm
- 4 Swarovski®-Schmuck-Accessoires in Koralle, Kranz, 2 Ösen, 15 mm
- 15 Ringel, 925er Silber, oval, 4,5 x 3,5 mm
- Ankerkette, versilbert, ø 6 mm, 2 x ca. 13,5 cm lang
- Karabinerschließe in Silber, 13 mm lang

ROMANTISCHES COLLIER

TECHNIK
Stifteln (S. 12/13)

SCHWIERIGKEITSGRAD

MATERIAL

- 5 Swarovski®-Schmuck-Accessoires in Fuchsia, Kranz, 2 Ösen, 15 mm
- 3 Swarovski®-Schmuck-Accessoires in Rosa Chiffon, Kranz, 2 Ösen, 15 mm
- Swarovski®-Schmuck Accessoire in Rosa Chiffon, Blüte, 2 Ösen, 17 mm
- 16 Ringel, 925er Silber, ø 4 mm
- Ankerkette, echt versilbert, ø 6 mm, ca. 38 cm lang
- Karabinerschließe in Silber, 13 mm

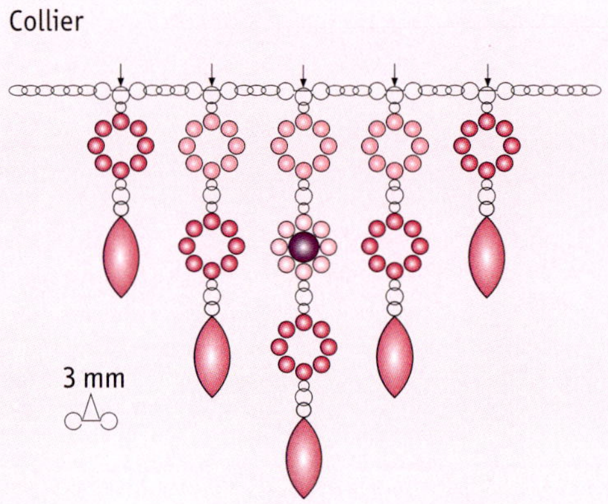

1 Zuerst die Länge der Ankerkette je nach Halsumfang individuell bestimmen. Dann fünf Kettelstifte mit einer zweiten Öse versehen.

2 Die Mitte der Ankerkette bestimmen und diese dort mit der Kneifzange durchtrennen. Dort einen der vorbereiteten Kettelstifte einhängen. Von dort ausgehend nach je fünf Kettengliedern die anderen Kettelstifte einfügen.

3 Die Schmuck-Accessoires mit Ringeln zusammenfügen. Unten an den ovalen Schmuck-Accessoires die Öse mit Hilfe der Kneifzange vorsichtig abzwicken. Die einzelnen Stränge in die Kettelstifte einhängen.

4 An einem Ende der Ankerkette einen Ringel und auf der anderen Seite mit Hilfe eines Ringels den Karabiner einhängen.

Tipp

Hier sehen Sie, dass die Ohrringe von Seite 28 wunderschön zum Collier passen.

LANGE BELLINO-KETTE

TECHNIK
Stifteln (S. 12/13)

SCHWIERIGKEITSGRAD

MATERIAL

- 6 Swarovski®-Perlen in Karamell, ø 8 mm
- 6 Swarovski®-Perlen in Indisch Türkis, ø 8 mm
- 4 Swarovski®-Perlen in Karamell, ø 6 mm
- 6 Plastik-Eiswürfel mit Loch in Hellblau, 1 - 1,5 cm lang
- 4 Glas-Wachsperlen in Goldgelb, ø 12 mm
- ca. 30 unterschiedliche Glasperlen in Türkis- und Brauntönen
- Antik-Ankerkette in Altgold, ø 1,2 mm, ca. 77 cm lang
- 18 Antik-Prismenstifte in Altgold, ø 7 mm, 35 mm lang
- 2 Antik-Schmuckteile, 31 mm x 13 mm

1 Zunächst alle Kettelstifte mit Perlen bestücken und jeden mit einer zweiten Öse versehen. 3 cm abtrennen und in die vorbereiteten Kettelstifte hängen. Ebenso die Schmuckelemente einarbeiten.

2 Im Nacken bleibt eine ca. 32 cm langes Kettenstück perlenfrei. Die Kette braucht aufgrund ihrer Länge keinen Verschluss.

Tipp

Diese XXL-Kette können Sie frei und kreativ oder gemäß der Abbildung gestalten. Sie können wunderbar Reste und verschiedenste Perlen einarbeiten. Die Kette kann, muss aber auf keinen Fall symmetrisch gearbeitet werden.

DEKORATIVE BLÜMCHEN

BLÜMCHENARMBAND

1 Zunächst eine Swarovski®-Perle in Mondstein, einen Teil der Magnetschließe, eine Swarowski®-Perle in Mondstein und eine Glasschliff-Perle in Amethyst auf den Nylonfaden ziehen.

2 Dann gemäß der Grundanleitung ein Blümchen arbeiten. Die Unterseite besteht aus Glasschliff-Perlen in Amethyst, die Oberseite abwechselnd aus Swarovski®-Perlen in Fuchsia bzw. Rosa Chiffon, die Blütenmitten aus Rocailles. Zur Farbgebung bitte an der Farbskizze orientieren.

3 Nach jeder Blüte auf jeden Faden eine mondsteinfarbene Swarowski®-Perle aufnehmen, die Fäden durch die erste Glasschliff-Perle in Amethyst der nächsten Blütenunterseite kreuzen und dann weiter arbeiten. Ist die gewünschte Länge erreicht, auf jeden Faden eine mondsteinfarbene Swarovski®-Perle aufnehmen und durch den zweiten Teil der Magnetschließe kreuzen. Die Fäden in den Perlen auf der Unterseite dem Muster folgend zurückfädeln. Beenden von Fädelarbeiten siehe Seite 17.

ZAUBERHAFTE OHRSTECKER

1 Zunächst eine Rocaille, den Kristall-Tropfen und wieder eine Rocaille auf den Nylonfaden ziehen. Auf jedes Fadenende eine Glasschliff-Perle (ø 6 mm) aufnehmen und die Fadenenden durch eine weitere Glasschliff-Perle (ø 6 mm) kreuzen. Dann gemäß Abb. 1 und 2 zwei Blüten arbeiten. Bei den ersten Blüten die Fäden im Tropfen kreuzen. Beenden von Fädelarbeiten siehe Seite 17. Den zweiten Ohrhänger genauso arbeiten.

2 Mit Schmuckkleber (Klebehinweis von Seite 9 beachten) auf die Platine kleben.

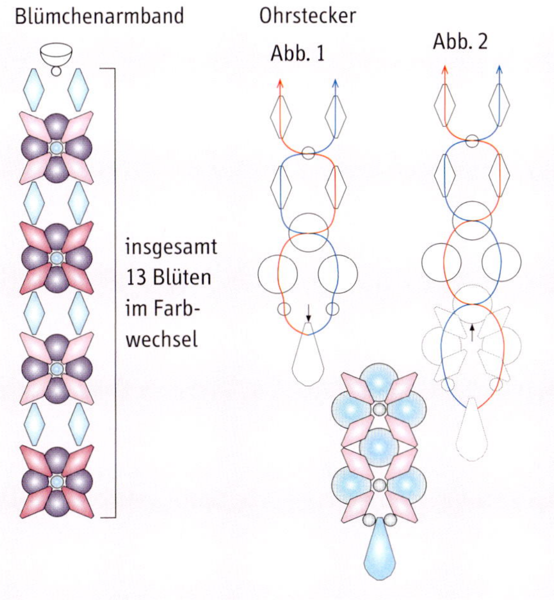

TECHNIK
Blümchenmuster (S. 14-17)

SCHWIERIGKEITSGRAD

MATERIAL BLÜMCHENARMBAND

- ca. 24 Swarovski®-Perlen in Fuchsia, ø 4 mm
- ca. 28 Swarovski®-Perlen in Rosa Chiffon, ø 4 mm
- ca. 28 Swarovski®-Perlen in Mondstein, ø 4 mm
- Rocailles in Silber, ø 2 mm
- ca. 52 Glasschliff-Perlen in Amethyst, ø 4 mm
- Nylonfaden, ø 0,25 mm, ca. 1,50 m lang
- Magnetschließe in Platin, ø 7 mm

OHRSTECKER

- 16 Swarovski®-Perlen in Rosa Chiffon, ø 6 mm
- 8 Rocailles in Silber, ø 2 mm
- 12 Glasschliff-Perlen in Bergkristall, ø 6 mm
- 2 Swarovski®-Kristall-Tropfen in Mondstein, 11 mm x 5,5 mm
- Nylonfaden, ø 0,25 mm, ca. 2 x 50 cm lang
- 2 Ohrstecker in Platin, ø 6 mm

OHRSTECKER IN PINK

TECHNIK
Blümchenmuster (S. 14-17)

SCHWIERIGKEITS-GRAD

MATERIAL
- 12 Swarovski®-Perlen in Fuchsia, ø 6 mm
- 4 Swarovski®-Perlen in Fuchsia, ø 4 mm
- 8 Rocailles in Silber, ø 2 mm
- 6 Glasschliff-Perlen in Bergkristall, ø 6 mm
- 6 Glasschliff-Perlen in Bergkristall, ø 4 mm
- 2 Swarovski®-Kristall-Tropfen in Mondstein, 11 x 5,5 mm
- Nylonfaden, ø 0,25 mm, ca. 2 x 50 m lang
- 2 Ohrstecker in Platin, ø 6 mm

1 Die Ohrringe wie auf Seite 39 beschrieben arbeiten.

2 Der Untergrund der ersten Blüte und ihre Oberseite bestehen aus den größeren Perlen (ø 6 mm). Der Untergrund der zweiten Blüte besteht aus kleineren Glasschliff-Perlen (ø 4 mm). Für die Oberseite auf jedes Fadenende eine kleinere Swarovski®-Perle (ø 4 mm) aufnehmen und die Fäden durch eine Rocaille kreuzen. Dann auf jeden Faden wieder eine größere Swarovski®-Perle (ø 6 mm) aufnehmen.

Abb. 1

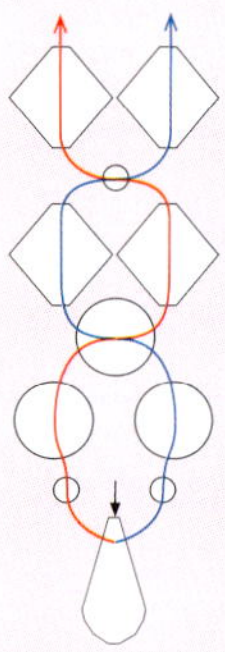

Abb. 2

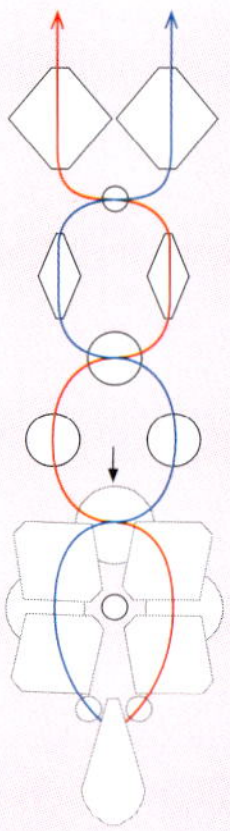

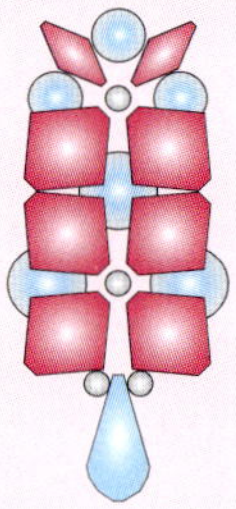

EXQUISITER ANHÄNGER

1 Für die Unterseite der ersten Blüte drei Glasschliff-Perlen auf den Nylonfaden aufnehmen und die Fadenenden durch eine weitere, vierte Glasschliff-Perle (mit Pfeil markiert) kreuzen. Alles in die Mitte des Fadens ziehen, sodass beide Fadenenden gleich lang sind. Um den Fadenlauf zu verdeutlichen, sind die Fadenenden in zwei Farben dargestellt (Abb. 1).

2 Für die erste Blüte auf jedes Fadenende eine Swarovski®-Perle in Fuchsia aufnehmen und die Fäden durch eine Rocaille kreuzen. Nochmals auf jeden Faden eine Swarovski®-Perle in Fuchsia aufnehmen und durch die mit Pfeil markierte Glasschliff-Perle des Untergrunds kreuzen (Abb. 2).

3 Für den Untergrund der zweiten Blüte auf jedes Fadenende eine Glasschliff-Perle aufnehmen und die Fäden durch eine weitere Glasschliff-Perle kreuzen. Für die Blüte auf jedes Fadenende eine Swarovski®-Perle in Fuchsia aufnehmen und die Fäden durch eine Rocaille kreuzen. Nochmals auf jeden Faden eine Swarovski®-Perle in Fuchsia aufnehmen und durch die mit Pfeil markierte Glasschliff-Perle des Untergrunds kreuzen (Abb. 3).

4 Abb. 4 veranschaulicht den Fadenlauf durch den bereits ausgearbeiteten Untergrund sowie das Ausarbeiten des nächsten Untergrunds und der dazugehörigen Blüte. Dafür auf jedes Fadenende eine Glasschliff-Perle aufnehmen und die Fäden durch eine weitere Glasschliff-Perle kreuzen. Für die Blüte auf jedes Fadenende eine Swarovski®-Perle in Fuchsia aufnehmen und die Fäden durch eine Rocaille kreuzen. Nochmals auf jeden Faden eine Swarovski®-Perle in Fuchsia aufnehmen und durch die mit Pfeil markierte Glasschliff-Perle des Untergrunds kreuzen.

5 Gemäß Abb. 5 die Richtung des Fadenlaufes wechseln, um die zweite Reihe arbeiten zu können. Dazu die Fäden durch den bereits ausgearbeiteten Untergrund fädeln. Auf den rot dargestellten Faden zwei Glasschliff-Perlen aufnehmen und die Fadenenden durch eine weitere Glasschliff-Perle kreuzen. Für die Blüte auf jedes Fadenende eine Swarovski®-Perle in Fuchsia aufnehmen und die Fäden durch eine Rocaille kreuzen. Nochmals auf jeden Faden eine Swarovski®-Perle in Fuchsia aufnehmen und durch die mit Pfeil markierte Glasschliff-Perle des Untergrunds kreuzen.

Fortsetzung Seite 42 ...

TECHNIK
Blümchenmuster (S. 14-17)

SCHWIERIGKEITSGRAD

MATERIAL
- 32 Swarovski®-Perlen in Fuchsia, ø 4 mm
- 4 Swarovski®-Perlen in Rosa Chiffon, ø 4 mm
- Rocailles in Silber, ø 2 mm
- 24 Glasschliff-Perlen in Amethyst, ø 4 mm
- Nylonfaden, ø 0,25 mm, ca. 1 m lang
- 3 Ringel in 925er Silber, oval, 4,5 x 3,5 mm
- Ringel in 925er Silber, ø 5 mm
- Edelstahl-Drahtseil, ø 0,54 mm, ca. 40 cm lang
- 2 Quetschkalotten in Platin, ø 4 mm
- 2 Quetschperlen, versilbert, ø 1,8 mm
- Karabiner-Schließe in Silber, 13 mm lang

Abb. 1
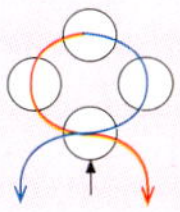

Abb. 2
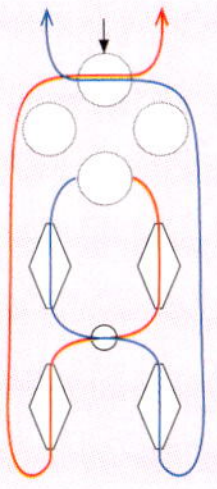

Abb. 3
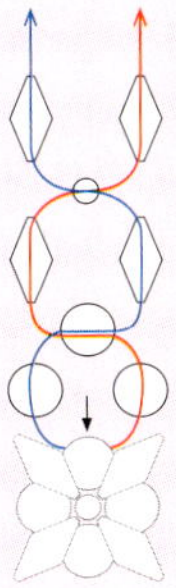

Abb. 4
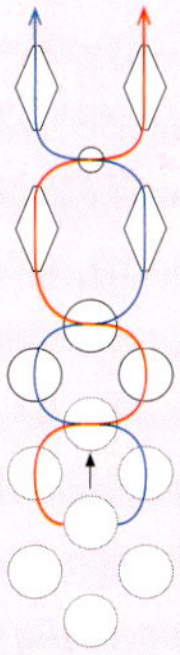

Abb. 5
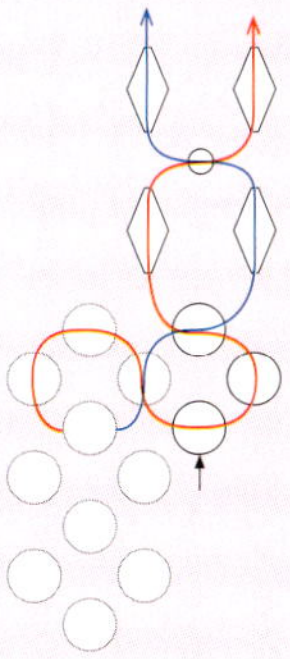

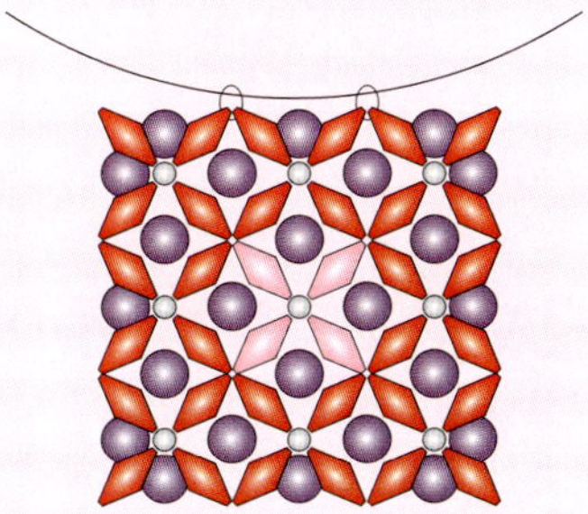

Fortsetzung Exquisiter Anhänger

6 Abb. 6 zeigt den Fadenlauf durch den bereits ausgearbeiteten Untergrund sowie das Ausarbeiten des nächsten Untergrunds und der dazugehörigen Blüte. Dafür auf den blau dargestellten Faden eine Glasschliff-Perle aufnehmen und die Fäden durch eine weitere Glasschliff-Perle kreuzen. Für die Blüte auf jedes Fadenende eine Swarovski®-Perle in Rosa Chiffon aufnehmen und die Fäden durch eine Rocaille kreuzen. Nochmals auf jeden Faden eine Swarovski®-Perle in Rosa Chiffon aufnehmen und durch die mit Pfeil markierte Glasschliff-Perle des Untergrunds kreuzen.

7 Gemäß Abb. 7 die Fäden durch den bereits ausgearbeiteten Untergrund führen, dann den nächsten Untergrund und die dazugehörige Blüte arbeiten. Dafür auf den blau dargestellten Arbeitsfaden eine Glasschliff-Perle aufnehmen und die Fäden durch eine weitere Glasschliff-Perle kreuzen. Für die Blüte auf jedes Fadenende eine Swarovski®-Perle in Fuchsia aufnehmen und die Fäden durch eine Rocaille kreuzen. Nochmals auf jeden Faden eine Swarovski®-Perle in Fuchsia aufnehmen und durch die mit Pfeil markierte Glasschliff-Perle des Untergrunds kreuzen.

8 Abb. 8 zeigt den Fadenlauf des Richtungswechsels, der für das Ausarbeiten einer dritten Reihe notwendig ist. Die Fäden durch den bereits ausgearbeiteten Untergrund führen, dann den nächsten Untergrund arbeiten. Dafür auf den blau dargestellten Arbeitsfaden zwei Glasschliff-Perlen aufnehmen und die Fäden durch eine weitere Glasschliff-Perle kreuzen. Für die Blüte auf jeden Faden eine Swarovski®-Perle in Fuchsia aufnehmen und die Fäden durch eine Rocaille kreuzen. Nochmals auf jeden Faden eine Swarovski®-Perle in Fuchsia aufnehmen und durch die mit Pfeil markierte Glasschliff-Perle im Untergrund kreuzen.

9 Die Fäden durch den bereits ausgearbeiteten Untergrund führen. Dann auf den rot dargestellten Arbeitsfaden eine Glasschliff-Perle aufnehmen und die Fäden durch eine weitere Glasschliff-Perle kreuzen. Für die Blüte auf jedes Fadenende eine Swarovski®-Perle in Fuchsia aufnehmen und die Fäden durch eine Rocaille kreuzen. Nochmals auf jeden Faden eine Swarovski®-Perle in Fuchsia aufnehmen und durch die mit Pfeil markierte Glasschliff-Perle des Untergrunds kreuzen (Abb. 9).

10 Gemäß Abb. 10 die Fäden durch den bereits ausgearbeiteten Untergrund führen. Dann auf den rot dargestellten Faden eine Glasschliff-Perle aufnehmen und die Fäden durch eine weitere Glasschliff-Perle kreuzen. Für die Blüte auf jedes Fadenende eine Swarovski®-Perle in Fuchsia aufnehmen und die Fäden durch eine Rocaille kreuzen. Nochmals auf jeden Faden eine Swarovski®-Perle in Fuchsia aufnehmen und durch die mit Pfeil markierte Glasschliff-Perle des Untergrunds kreuzen.

11 In die Lücken zwischen den äußeren Glasschliff-Perle Rocailles fädeln und gemäß Abb. 11 zwei Ringel (oval, 4,5 x 3,5 mm) mit einfädeln. Beenden der Fädelarbeit gemäß Seite 17.

12 Den Edelstahldraht mit Hilfe der Kneifzange auf die gewünschte Länge kürzen. Den Anhänger auf den Edelstahldraht ziehen. An den Drahtenden je eine Quetschperle fixieren und darüber je eine Quetschkalotte schließen.

13 In eine Quetschkalottenöse einen Ringel und in diesen den Karabiner einhängen. In die andere Quetschkalottenöse den großen Ringel einhängen.

Abb. 6

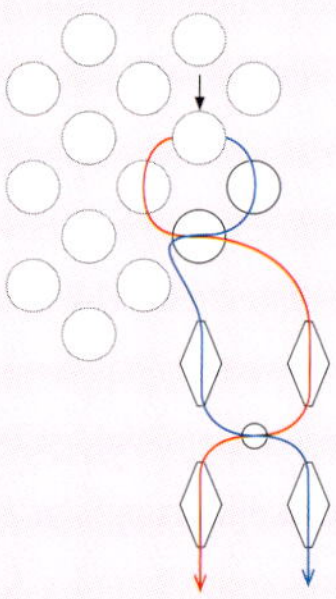

Abb. 7

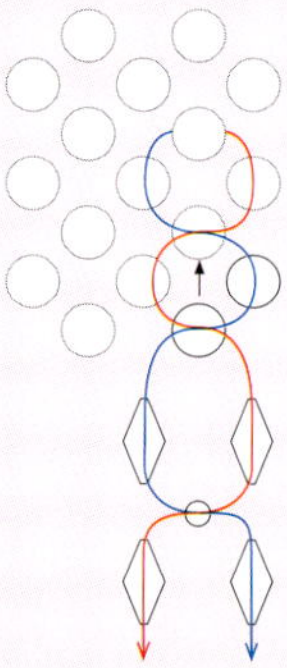

Abb. 8

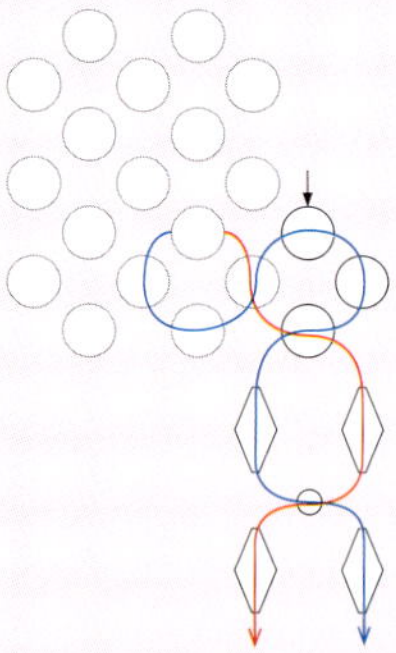

Abb. 9

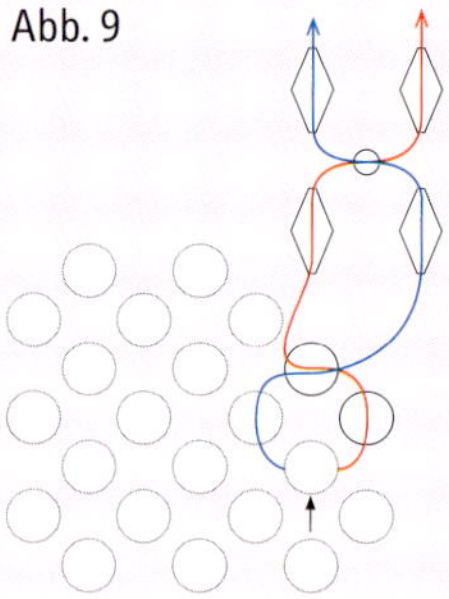

Abb. 10

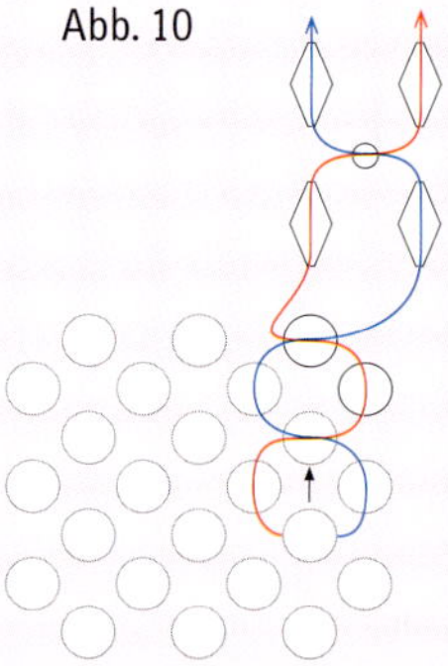

Abb. 11

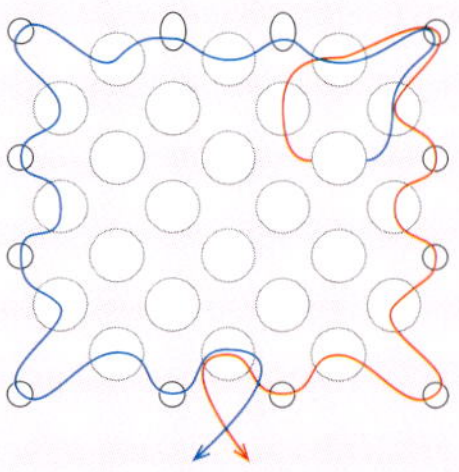

BLÜMCHENRINGE

TECHNIK
Blümchenmuster (S. 14-17)

SCHWIERIGKEITS-GRAD

MATERIAL RING MIT VIER BLÜTEN

- 8 Swarovski®-Perlen in Nachtblau, ø 4 mm
- 8 Swarovski®-Perlen in Indisch Türkis, ø 4 mm
- Rocailles in Silber, ø 2 mm
- ca. 21-24 Glasschliff-Perlen in Bergkristall, ø 4 mm
- Nylonfaden, ø 0,25 mm, ca. 1 m lang

RING MIT SECHS BLÜTEN

- 24 Swarovski®-Perlen in Ultrablau, ø 4 mm
- ca. 22-24 Glasschliff-Perlen in Bergkristall, ø 4 mm
- Rocailles in Silber, ø 2 mm
- Nylonfaden, ø 0,25 mm, ca. 1 m lang

Ring mit vier Blüten

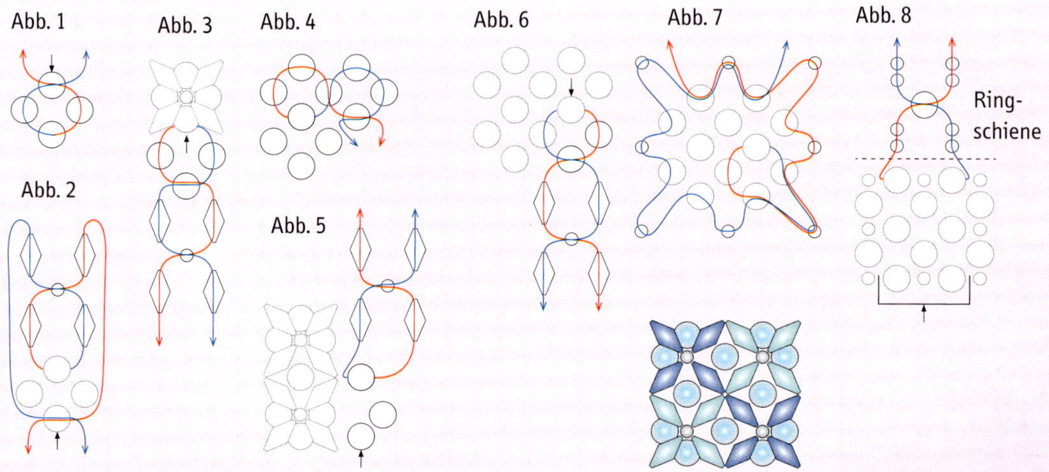

Ring mit sechs Blüten

Abb. 1 bis Abb. 3 wie Ring mit vier Blüten

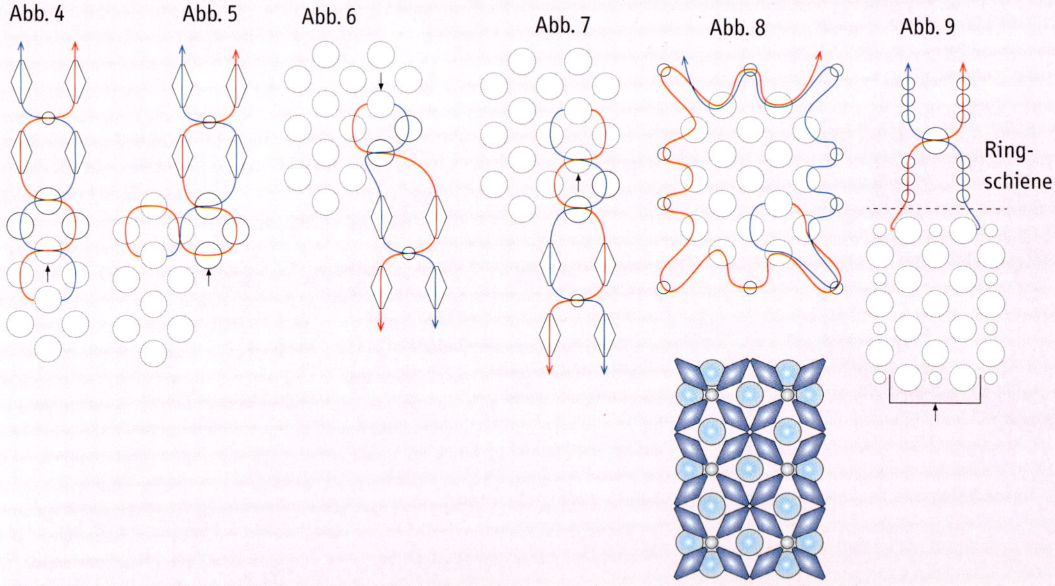

Ring mit vier Blüten

Dieser Ring wird genauso wie der Ring auf Seite 14-17 gearbeitet, allerdings mit kleineren Swarovski®-Perlen. Statt der Glasschliff-Perlen (ø 3 mm) verwenden Sie hier Rocailles. Für die Ringschiene verwenden Sie ebenfalls Glasschliff-Perlen (ø 4 mm) und Rocailles, auch die Rocailles (ø 2 mm) für die Blütenmitte bleiben gleich.

Ring mit sechs Blüten

1 Für die Unterseite der ersten Blüte drei Glasschliff-Perlen auf den Nylonfaden aufnehmen und die Fadenenden durch eine weitere, vierte Glasschliff-Perle kreuzen (mit Pfeil markiert). Alles in die Mitte des Fadens ziehen, sodass beide Fäden gleich lang sind. Um den Fadenlauf zu verdeutlichen, sind die Fadenenden in zwei Farben dargestellt. (Abb. 1)

2 Für die erste Blüte auf jedes Fadenende eine Swarovski®-Perle in Ultrablau aufnehmen und die Fäden durch eine Rocaille kreuzen. Nochmals auf jeden Faden eine Swarovski®-Perle aufnehmen und durch die mit Pfeil markierte Glasschliff-Perle auf der Unterseite kreuzen (Abb. 2).

3 Für die Unterseite der zweiten Blüte auf jedes Fadenende eine Glasschliff-Perle aufnehmen und die Fäden durch eine weitere Glasschliff-Perle kreuzen. Für die Blüte auf der Oberseite auf jedes Fadenende eine Swarovski®-Perle in Ultrablau aufnehmen und die Fäden durch eine Rocaille kreuzen. Nochmals auf jeden Faden eine Swarovski®-Perle aufnehmen und durch die mit Pfeil markierte Glasschliff-Perle des Untergrundes kreuzen (Abb. 3).

4 Abb. 4 veranschaulicht den Fadenlauf durch den bereits ausgearbeiteten Untergrund sowie das Ausarbeiten des nächsten Untergrunds und der dazugehörigen Blüte. Dafür auf jedes Fadenende eine Glasschliff-Perle aufnehmen und die Fäden durch eine weitere Glasschliff-Perle kreuzen. Für die Blüte auf jedes Fadenende eine Swarovski®-Perle aufnehmen und die Fäden durch eine Rocaille kreuzen. Nochmals auf jeden Faden eine Swarovski®-Perle aufnehmen und durch die mit Pfeil markierte Glasschliff-Perle des Untergrunds kreuzen.

5 Gemäß Abb. 5 die Richtung des Fadenlaufs wechseln, um die zweite Reihe arbeiten zu können. Dazu die Fäden durch den bereits ausgearbeiteten Untergrund fädeln. Auf den rot dargestellten Faden zwei Glasschliff-Perlen aufnehmen und die Fadenenden durch eine weitere Glasschliff-Perle kreuzen. Für die Blüte auf jedes Fadenende eine Swarovski®-Perle aufnehmen und die Fäden durch eine Rocaille kreuzen. Nochmals auf jeden Faden eine Swarovski®-Perle aufnehmen und durch die mit Pfeil markierte Glasschliff-Perle des Untergrunds kreuzen.

6 Gemäß Abb. 6 die Fäden durch den bereits ausgearbeiteten Untergrund führen und die nächste Unterseite und die dazu gehörende Blüte arbeiten. Dafür auf den Blau dargestellten Arbeitsfaden eine Glasschliff-Perle aufnehmen und die Fäden durch eine weitere Glasschliff-Perle kreuzen. Für die Blüte auf jedes Fadenende eine Swarovski®-Perle aufnehmen und die Fäden durch eine Rocaille kreuzen. Nochmals auf jeden Faden eine Swarovski®-Perle aufnehmen und durch die mit Pfeil markierte Glasschliff-Perle des Untergrunds kreuzen.

7 Auf den blau dargestellten Arbeitsfaden eine Glasschliff-Perle aufnehmen und die Fäden durch eine weitere Glasschliff-Perle kreuzen. Für die Blüte auf jedes Fadenende eine Swarovski®-Perle aufnehmen und die Fäden durch eine Rocaille kreuzen. Nochmals auf jeden Faden eine Swarovski®-Perle aufnehmen und durch die mit Pfeil

Fortsetzung Seite 46

Fortsetzung Blümchenringe

markierte Glasschliff-Perle des Untergrunds kreuzen (Abb. 7).

8 In die Lücken zwischen den äußeren Glasschliff-Perlen je eine Rocaille fädeln (Abb. 8).

9 Für die Ringschiene auf jedes Fadenende drei Rocailles aufnehmen und die Fäden durch eine Glasschliff-Perle kreuzen. So lange fortführen, bis die Ringschiene lang genug ist. Die Ringschiene durch Kreuzen der Fäden in den drei mit Klammer und Pfeil markierten Perlen schließen (Abb. 9).

10 Anschließend zur Stabilisierung die Ringschiene zurückfädeln und die Fädelarbeit beenden (siehe Seite 17).

COLLIER MIT STRASS

1 Für das Collier zwei einzelne, zweimal zwei Blüten in einer Reihe und einmal drei Blüten in einer Reihe arbeiten. Statt einer Rocaille werden hier Strasssteine als Blütenmitte verwendet.

2 Für die einzelne Blüte Schritt 1 und 2, für die doppelte Blüte Schritt 1 bis 3 und für die dreifache Blüte Schritt 1 bis 4 auf Seite 44 (Ring mit zwei Blüten) arbeiten, zunächst die Fäden hängen lassen.

3 Den Schmuckdraht je nach Halsumfang auf die individuelle Länge kürzen. Dann die Blüten mit je einer davor und einer dahinter liegenden Quetschperle auf den Schmuckdraht ziehen. Die Quetschperlen an den drei mittleren Blüten so fixieren, dass diese in der Mitte des Drahtes liegen. Die daneben liegenden Element nach 1 cm fixieren. Die Nylonfäden erst jetzt vernähen.

4 An den Schmuckdrahtenden je eine Quetschperle fixieren, eine Quetschkalotte darüber schließen (siehe Seite 10/11). In die Ösen den Verschluss einhängen.

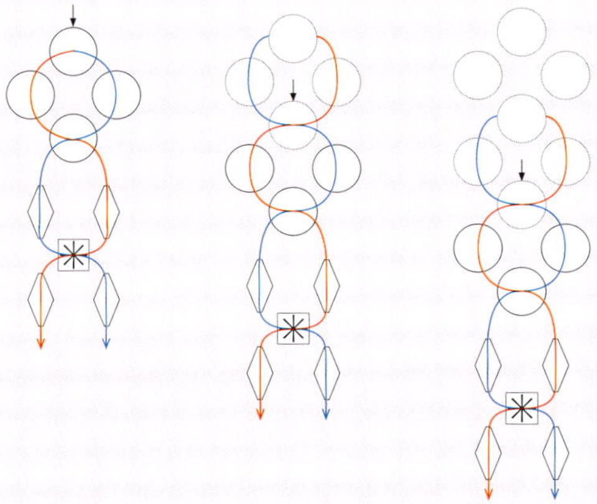

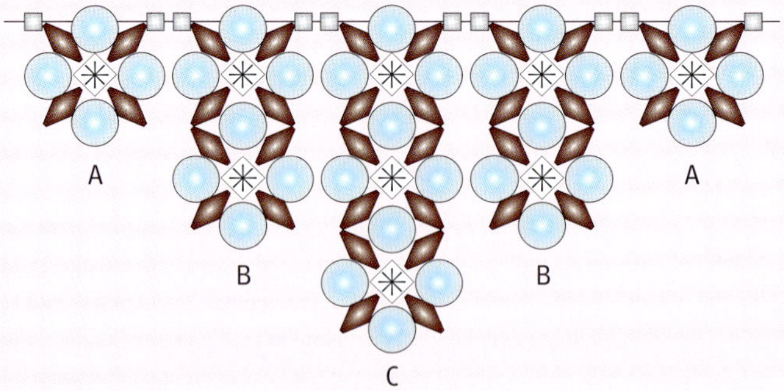

TECHNIK

Arbeiten mit Schmuckdraht (S. 10/11)
Blümchenmuster (S. 14-17)

SCHWIERIGKEITSGRAD

MATERIAL

- 36 Swarovski®-Perlen in Ebenholz, ø 4 mm
- 9 Strasssteine zum Aufnähen in Kristall, ø 4 mm
- 32 Glasschliff-Perlen in Bergkristall, ø 6 mm
- Nylonfaden, ø 0,25 mm, 5 x ca. 30 cm lang
- Schmuckdraht in Silber, ø 0,4 mm, ca. 36 cm lang
- 12 Quetschperlen, versilbert, ø 1,8 mm
- 2 Quetschkalotten in Platin, ø 3 mm
- Schmuckschließe in Silber, 1,5 cm

Hinweis

Die Arbeitsfäden werden erst nach dem Aufziehen der Blümchen auf das Collier vernäht, damit der Draht durch die Perlen gezogen werden kann.

PRÄCHTIGES COLLIER

1 Das Mittelteil des Anhängers wird genauso wie der rosa Anhänger auf Seite 41-42 gearbeitet. Für die Farben und Größen der Perlen orientieren Sie sich bitte an der Farbskizze und an der Abbildung. Die Unterseite besteht hier aus großen Glasschliff-Perlen (ø 6 mm).

2 Abb. 1 und 2 veranschaulichen das Ansetzen der Kette aus Glasschliff-Perlen (ø 4 mm) und Swarovski®-Perlen in Mondstein (ø 4 mm). Jede Kettenseite mit einem separaten Nylonfaden (ca. 50 cm lang) arbeiten. Hier wird das Blümchenmuster nach jeder Blüte durch zwei Glasschliff-Perlen (in den Abbildungen gelb markiert) aufgelockert. Auf jeder Seite fünf Blüten arbeiten.

3 Jede Kettenseite durch das Auffädeln je einer Glasschliff-Perle pro Faden und das Kreuzen durch einen Ringel abschließen. Dann die Fäden in den Perlen auf der Unterseite zur Stabilisierung zurück fädeln. Beenden von Fädelarbeiten siehe Seite 17.

4 In die eingearbeiteten Ringel je zwei Ankerkettenstücke einhängen. An beiden Seiten die beiden Ketten mit einem kleinen Ringel zusammenfassen. Auf einer Seite in diesen dann einen großen Ringel hängen. Auf der anderen Seite den Karabiner einhängen.

5 Für das Gehänge die unteren Perlen auf Prismenstifte, die anderen auf Kettelstifte stecken und mit Ösen versehen. Die Stifte mit je 1,5 cm langen Ankerketten aneinanderfügen und mit Ringeln zwischen die Glasschliff-Perlen an den Anhänger hängen.

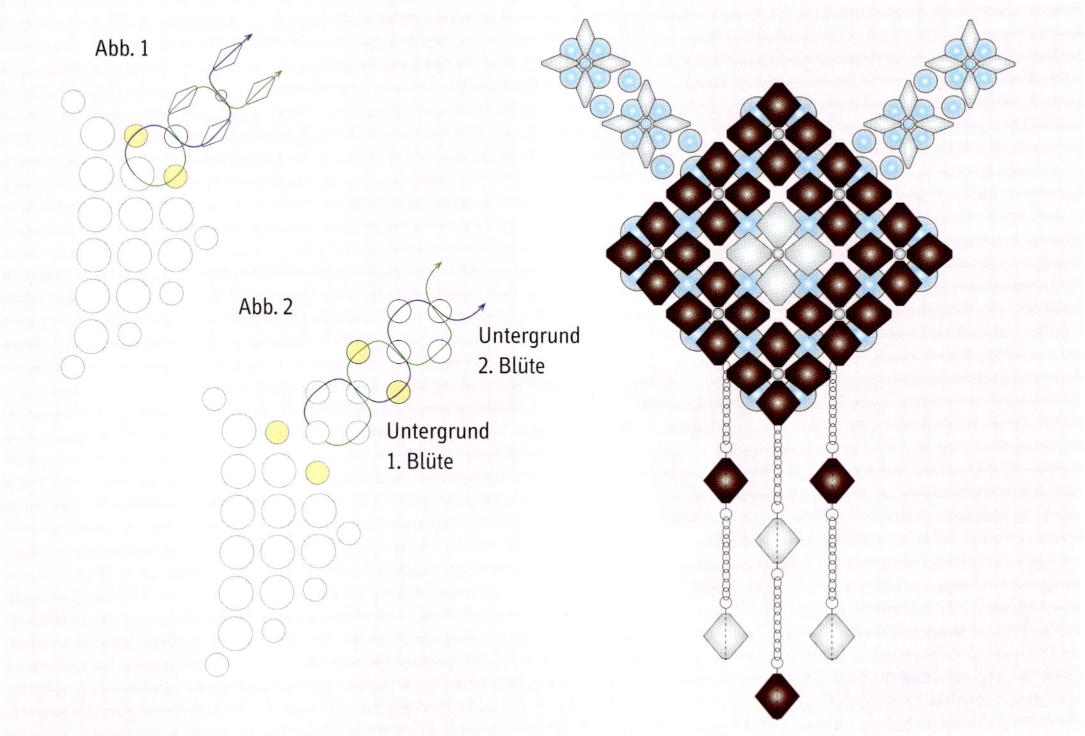

TECHNIK
Stifteln (S. 12/13)
Blümchenmuster (S. 14-17)

SCHWIERIGKEITSGRAD

MATERIAL
- 35 Swarovski®-Perlen in Ebenholz, ø 6 mm
- 7 Swarovski®-Perlen in Mondstein, ø 6 mm
- 40 Swarovski®-Perlen in Mondstein, ø 4 mm
- Rocailles in Silber, ø 2 mm
- 12 Glasschliff-Perlen in Bergkristall, ø 3 mm
- 64 Glasschliff-Perlen in Bergkristall, ø 4 mm
- 24 Glasschliff-Perlen in Bergkristall, ø 6 mm
- Nylonfaden, ø 0,25 mm, 1 x ca. 1 m, 2 x ca. 50 cm lang
- Ankerkette versilbert, ø 0,7 mm, ca. 1 m lang
- 3 Kettelstifte, 925er Silber, ø 0,8 mm, 30 mm lang
- 3 Prismenstifte, 925er Silber, ø 0,8 mm, 30 mm lang
- Ringel in 925er Silber, ø 5 mm
- 7 Ringel in 925 Silber, ø 3 mm
- Karabiner-Schließe in Silber, 13 mm lang

FUNKELNDE KUGELN

MODISCHER ANHÄNGER

1 Aus 12 runden Swarovski®-Kristall-Perlen in Indisch Türkis eine Kugel arbeiten. Den Faden nicht abschneiden. Dann gemäß Skizze 1-3 das Muster aus insgesamt 6 Blüten aufsetzen.

2 Dazu auf jeden der Arbeitsfäden eine Rocaille und eine Swarovski®-Perle in „Star" Türkis aufnehmen. Fadenenden durch eine Rocaille kreuzen. Auf jeden der Arbeitsfäden eine Swarovski®-Perle und eine Rocaille aufnehmen (Abb. 1).

3 Fadenenden durch die mit Pfeil markierte, runde Swarovski®-Perle der Kugel kreuzen (Abb. 2).

4 Diese Perle ist Ausgangsposition für die nächste Blüte. Sie wird genau gleich wie die vorige Blüte gearbeitet. So die ganze Runde, bestehend aus vier Blüten, arbeiten.

5 Dann die Fädelrichtung wechseln und die gegenüberliegenden Blüten arbeiten. Dazu die Fäden durch die runden Swarovski®-Perlen, welche unter der schon ausgearbeiteten Blüte liegen, führen und kreuzen (Abb. 3). Beenden der Fädelarbeit siehe Seite 17.

6 Den Ringel in einer beliebigen Blütenmitte einhängen und in diesen wiederum das Kettchen des Schlüsselkarabiners hängen.

Tipp

Diese Kugel sieht toll an Taschen oder Handys aus. Schön macht sie sich auch als Kettenanhänger.

TECHNIK

Blümchenmuster (S. 14-17)
Kugeltechnik (S. 18/19)

SCHWIERIGKEITSGRAD

MATERIAL

- 12 runde Swarovski®-Perlen in Indisch Türkis, ø 6 mm
- 24 Swarovski®-Perlen in „Star" Türkis, ø 4 mm
- Rocailles in Silber, ø 2 mm
- Nylonfaden, ø 0,25 mm, ca. 1 m lang
- Ringel in Silber, ø 8 mm
- Schlüsselkarabiner mit Kettchen in Silber

Abb. 1

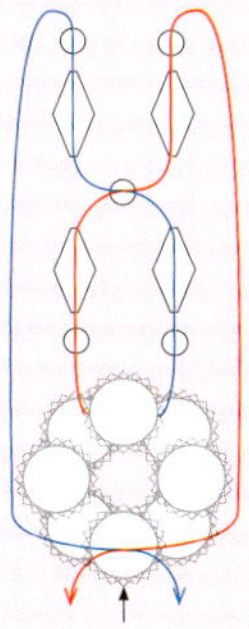

Abb. 2

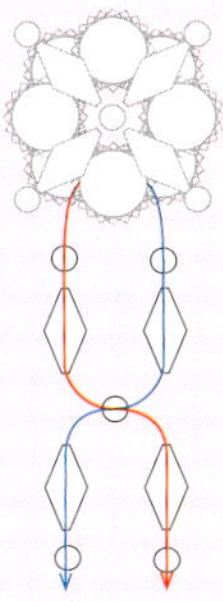

Abb. 3

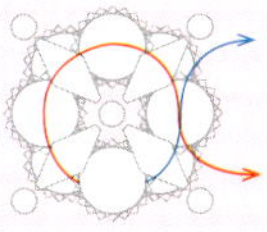

ELEGANTE PERLENKETTE

TECHNIK
Blümchentechnik (S. 14-17)
Kugeltechnik (S. 18/19)

SCHWIERIGKEITSGRAD

MATERIAL

- 12 runde Swarovski®-Perlen in Schwarz, ø 6 mm
- 24 runde Swarovski®-Perlen in Schwarz, ø 4 mm
- 16 Swarovski®-Perlen in Obsidian, ø 6 mm
- 46 Swarovski®-Perlen in „Star“ Kupfergold, ø 4 mm
- Rocailles in Kupfer, ø 2 mm
- Glas-Wachsperlen in Weiß, ø 10 mm
- Glas-Wachsperlen in Weiß, ø 4 mm
- 2 Quetschperlen in Gold, ø 1,8 mm
- 2 Quetschkalotten in Gold, ø 5 mm
- Flachkarabiner, vergoldet, 1 cm lang
- Nylonfaden, ø 0,25 mm, 3 x ca. 50 cm lang, 1 x ca. 1 m lang

Mittleres Schmuckelement

1 Aus 12 runden, schwarzen Swarovski®-Perlen (ø 6 mm) und 50 cm Nylonfaden eine Kugel herstellen. Die Fäden nicht abschneiden.

2 Wie auf Seite 51 beschrieben, allerdings ohne der vier einzelnen Rocailles, vier Blümchen im Blümchenmuster aus obsidianfarbenen, 6 mm großen Swarovski®-Perlen und Rocailles auf die Kugel arbeiten. Abb. 1 zeigt das Arbeiten der ersten Blüte.

Kleine Schmuckelemente

1 Aus je 12 runden Swarovski®-Perlen in Schwarz (ø 4 mm) und 50 cm Nylonfaden eine Kugel herstellen. Dann je vier Blümchen aus Swarovski®-Perlen in „Star“ Kupfergold (ø 4 mm) und Rocailles aufsetzen.

2 In die Mitte des 1 Meter langen Nylonfadens eine Quetschperle ziehen und fixieren. Über dieser eine Quetschkalotte anbringen.

3 Beide Fadenenden müssen gemeinsam aus der Kalotte austreten, denn es wird aus Stabilitätsgründen mit doppeltem Faden gearbeitet.

4 Perlen und Schmuckelemente gemäß Abbildung aufreihen. Die Kettenlänge kann durch Weglassen bzw. Hinzufügen von Wachs- oder Swarovski®-Perlen individuell gestaltet werden.

5 Am Ende der Kette beide Fäden mit einer Quetschperle zusammenfassen und fixieren, darüber eine Quetschkalotte montieren (siehe Seite 10/11).

6 In eine Quetschkalottenöse einen Ringel, in die andere einen Ringel und in diesen den Flachkarabiner einhängen.

Abb. 1

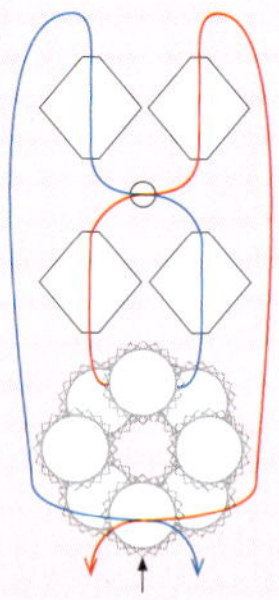

Tipp

Achten Sie beim Kauf von Glas-Wachsperlen auf gute Qualität. Sie sollten schweiß- und abriebfest sein.

WERTVOLLER RING

TECHNIK
Blümchentechnik (S. 14-17)
Kugeltechnik (S. 18/19)

SCHWIERIGKEITSGRAD

MATERIAL
- 12 Swarovski®-Perlen in Ebenholz, ø 4 mm
- 16 Swarovski®-Perlen in „Star“ Kupfergold, ø 4 mm
- Rocailles in Kupfer, ø 2 mm
- Nylonfaden, ø 0,25 mm, ca. 1 m lang

1 Aus 12 ebenholzfarbenen Swarovski®-Perlen eine Kugel arbeiten.

2 Gemäß Abb. 1 und Anleitung auf Seite 52 insgesamt vier Blüten aus kupfergoldenen Swarovski®-Perlen und Rocailles in Kupfer arbeiten. Dann auch an der Anleitung auf Seit 52 orientieren.

3 Gemäß Abbildung 2 die Fädelrichtung ändern, sodass die Blüten seitlich liegen.

4 Abbildung 3 zeigt die Unterseite des Ringes. Zum besseren Verständnis sind die Blüten von der Seite zu sehen.

5 Für die Ringschiene auf jedes Fadenende drei Rocailles aufnehmen und die Fäden durch zwei weitere Rocailles kreuzen. Diesen Rapport so lange wiederholen, bis die Ringschiene lang genug ist. Fäden durch die mit Pfeil in Abbildung 3 markierte Perle kreuzen. Die Ringschiene zur Stabilisierung im Muster wieder zurückfädeln (siehe auch Seite 17).

Abb. 1

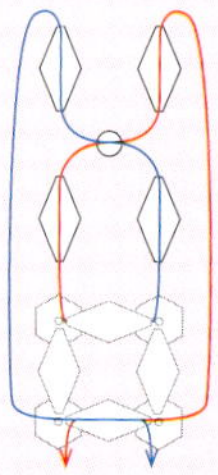

Abb. 2

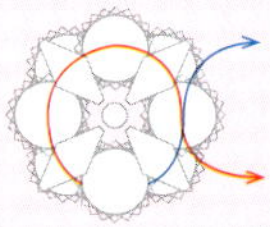

Abb. 3

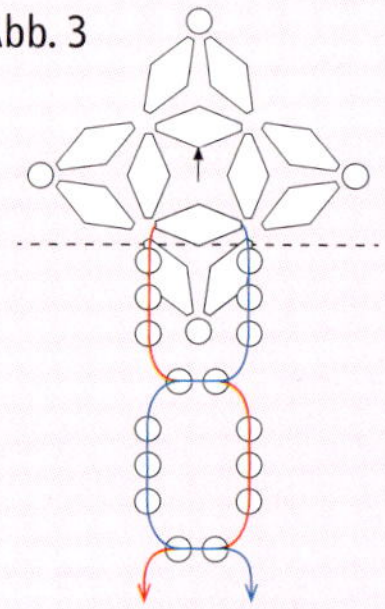

Tipp

Dieser Ring passt wunderschön zur Kette auf Seite 53. Schön sehen auch Ohrringe aus. Diese können Sie wie den Anhänger auf Seite 50 arbeiten und an Ohrhaken anbringen.

AUSSERGEWÖHNLICHES HALSBAND

TECHNIK
Blümchentechnik (S. 14-17)
Kugeltechnik (S. 18/19)

SCHWIERIGKEITSGRAD

MATERIAL
- 12 runde Swarovski®-Perlen in Olive, ø 6 mm
- 16 Swarovski®-Perlen in Indisch Türkis, ø 6 mm
- Rocailles in Silber, ø 2 mm
- Nylonfaden, ø 0,25 mm, ca. 1 m lang
- Ringel in Silber, ø 8 mm
- Bandverschluss in Platin, 16 mm lang
- Chiffonband in Grün, 4 cm breit, ca. 70 cm lang

1 Aus 12 runden, olivfarbenen Perlen eine Kugel arbeiten. Dann vier Blüten aus türkisfarbenen Swarovski®-Perlen und Rocailles aufsetzen. Abb. 1 zeigt das Ausarbeiten der ersten Blüte. Zum weiteren Vorgehen an der Anleitung auf Seite 52 orientieren.

2 Die Fädelarbeit beenden (siehe Seite 17). Abbildung 2 zeigt die Vorderansicht (siehe auch Foto, die Blüten liegen seitlich).

3 Ringel an der Position einer beliebigen Blütenmitte einhängen (Abb. 2).

4 Das Chiffonband je nach Halsumfang in zwei gleich lange Stücke schneiden. Die Bänder aufeinander legen, Kanten mit wenig Alleskleber einstreichen und aufeinander kleben. So lässt sich der Verschluss besser montieren. Nach dem Trocknen etwas raffen und in den Bandverschluss schieben. Diesen mit der Flachzange schließen.

Abb. 1

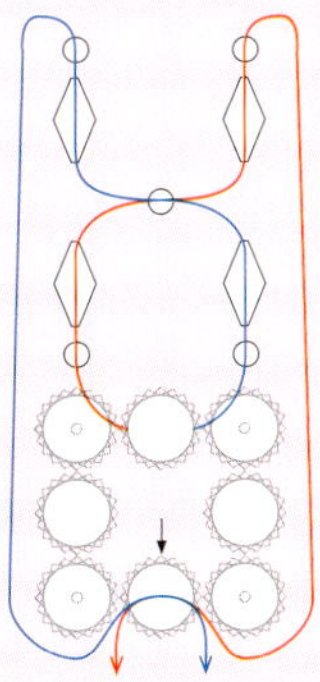

Abb. 2

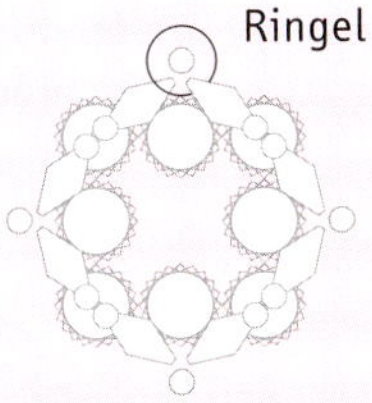

LANGE BELLINO-KUGELKETTE

TECHNIK
Stifteln (S. 12/13)
Blümchentechnik (S. 14-17)
Kugeltechnik (S. 18/19)

SCHWIERIGKEITS-GRAD

MATERIAL
KUGEL
- 12 runde Swarovski®-Perlen in Orangerot, ø 6 mm
- 8 Swarovski®-Perlen in Olive, ø 6 mm
- 8 Swarovski®-Perlen in Jade, ø 6 mm
- 9 Swarovski®-Perlen in Feuerrot, ø 6 mm
- 6 Rocailles in Hellgrün, Alabaster, ø 2,6 mm
- Nylonfaden, ø 0,25 mm, ca. 1 m lang

KETTE
- 24 Glasperlen in Brauntönen, verschiedene Größen
- 4 Swarovski®-Perlen in Jade, ø 8 mm
- 6 Swarovski®-Perlen in Feuerrot, ø 6 mm
- 5 Glasschliff-Perlen in Capriorange, ø 10 mm
- 6 Glasschliff-Perlen in Capriorange, ø 10 mm
- 4 Alu-Filigran-Perlen, vergoldet, ø 8 mm
- 4 Alu-Filigran-Perlen, vergoldet, ø 6 mm
- 20 Antik-Prismenstifte in Altgold, 0,7 x 35 mm
- Antik-Ankerkette in Altgold, ø 1,2 mm, ca. 36 cm lang
- 2 Antik-Schmuckteile, 17 x 12 mm

Kugel

1 Aus 12 runden, orangeroten Swarovski®-Perlen eine Kugel arbeiten. Vier Blümchen aus Swarovski®-Perlen und Rocailles in einer Reihe aufsetzen (Abbildung 1 zeigt die erste Blüte). Zum weiteren Vorgehen bitte an der Anleitung auf Seite 51 orientieren. Dabei darauf achten, immer zwei gegenüberliegende Blümchen in der gleichen Farbe zu arbeiten.

2 Die Fädelarbeit wie auf Seite 17 beschrieben beenden.

Kette

1 Auf den Prismenstift eine feuerrote Swarovski®-Perle (ø 6 mm) und dann die Kugel aufstecken. Den Prismenstift mit einer Öse versehen (siehe Seite 12/13). Diese in die Ankerkette hängen und wieder schließen.

2 Die restliche Ankerkette wird frei und kreativ gestaltet. Hier können wunderbar anfallende Reste und die unterschiedlichsten Perlen in Kombination eingearbeitet werden. Die Kette kann, muss aber auf keinen Fall symmetrisch gearbeitet werden.

3 Dafür alle Kettelstifte beliebig mit Perlen bestücken und jeden mit einer zweiten Öse versehen (siehe Seite 12/13). Von der Ankerkette immer ca. 2 cm abtrennen und diese Stücke zwischen die vorbereiteten Kettelstifte hängen. Die Kette hat aufgrund ihrer Länge keinen Verschluss.

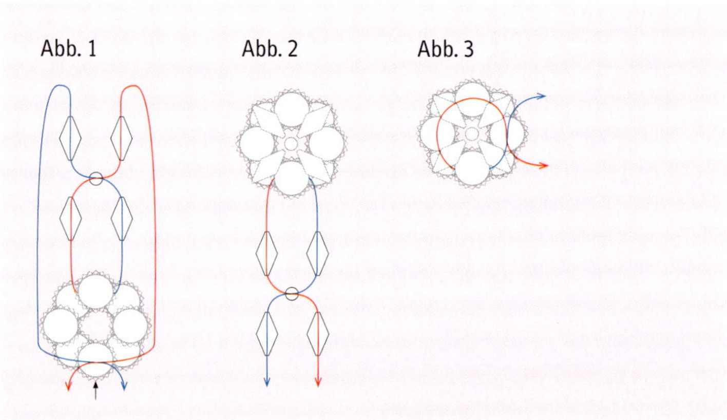

Arbeiten mit Schmuckdraht
In dieser Technik können einfach und schnell Schmuckstücke hergestellt werden. Hier werden Schmuckperlen mit Quetschperlen auf Draht fixiert.

Arbeitsunterlage
Eine Unterlage aus Moosgummi verhindert, dass die Perlen leicht wegspringen. Verwenden Sie für helle Perlen eine dunkle, für dunkle Perlen eine helle Unterlage.

Beleuchtung
Achten Sie unbedingt auf gutes Licht, denn das Arbeiten mit den funkelnden Perlen ist für die Augen auf Dauer ermüdend.

Blümchentechnik
Bei dieser Fädeltechnik werden Perlen auf Nylonfaden aufgezogen. Es entstehen zweilagige Objekte, die Unterseite besteht aus Glasschliff-, die Oberseite aus Swarovski®-Perlen und Rocailles.

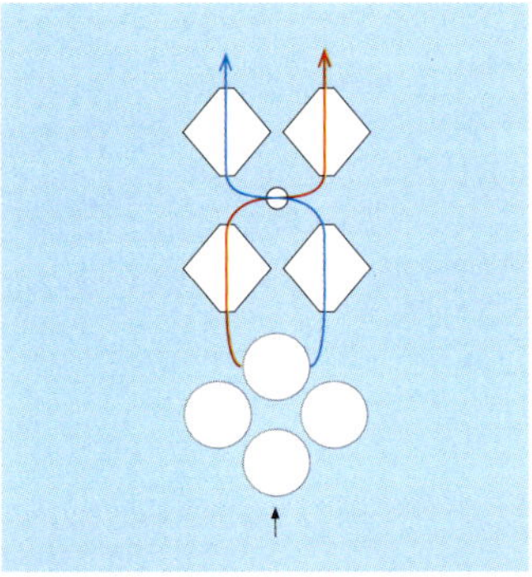

Fädelskizze
Die in diesem Buch gezeigten Schmuckstücke werden anhand von Text und Fädelskizzen erklärt. Diese veranschaulichen bildlich die einzelnen Arbeitsschritte. Damit die Skizzen übersichtlich bleiben, werden neu hinzukommende Perlen dunkler als bereits eingearbeitete dargestellt. Zusätzlich verdeutlichen Farbskizzen die Farbzusammenstellung.

Glasperlen
Je nach Herstellungsverfahren unterscheiden sich die Preise. Besonders edel, aber auch teuer sind handgearbeitete Glasperlen, die es in vielen, auch ausgefallenen Formen und einer großen Farbpalette gibt. Ganz exquisit sind Swarovski®-Kristallperlen aus edlem Kristallglas. Diese heben sich durch ihren besonders brillanten Glanz von normalen Glasschliffperlen ab.

Klebstoffe
Besonders geeignet für das Arbeiten mit Schmuck sind Alleskleber und Schmuckkleber. Alleskleber wird zu Sichern von Knoten benötigt. Mit Schmuckkleber klebt man starre Verbindungen, z. B. ein Schmuckelement auf eine Brosche. Sekundenkleber sollte man auf keinen Fall für Nylonfaden verwenden, da dieser sonst angegriffen und brüchig wird.

Kreuzen
Bei Fädelarbeiten wird meist mit einem Faden gearbeitet, in dessen Mitte wird die Fädelarbeit gezogen. Dann wird mit beiden Fadenenden weitergearbeitet. Beim Kreuzen werden beide Fadenenden in entgegengesetzter Richtung durch eine Perle gezogen. Diese wird so fixiert.

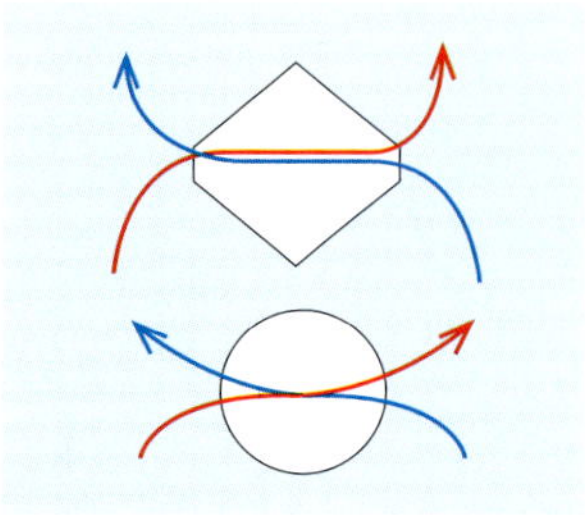

Kugeltechnik
Recht einfache Fädeltechnik zum Herstellen von Kugeln, die für alle größeren Perlen geeignet ist.

Nylonfaden und Schmuckdraht
Transparenter Nylonfaden, ø 0,25 mm, wird für alle Fädelarbeiten benötigt. Dünnerer Nylonfaden reißt zu leicht, dickerer Faden lässt sich nicht durch die Perlen führen. Schmuckdraht, ein nylonummantelter Stahldraht, ist in vielen Farben erhältlich. An ihm werden einzelne Perlen oder größere Schmuckelemente angebracht.

Schmuck-Accessoires
Swarovski® bietet Kristalle an, die gefasst sind und zwei Ösen haben. Mit diesen Accessoires kann man wunderschöne Schmuckstücke herstellen.

Schmuckzubehör
Neben schönen Perlen wird noch einiges Zubehör benötigt. Dies ist meist silber- und goldfarben, teilweise auch aus echtem Silber oder versilbert erhältlich. Auf KETTEL- UND PRISMENSTIFTE werden Perlen aufgezogen, diese können dann aneinandergefügt werden. QUETSCHPERLEN und RIEMENVERBINDER werden zum Anbringen von Verschlüssen an Ketten oder Bändern benötigt. QUETSCHPERLEN werden zusammengedrückt und sichern so Perlen auf Draht oder Faden. Häufig und in verschiedensten Funktionen werden auch RINGEL in verschiedenen Größen benötigt. VERSCHLÜSSE, OHRHAKEN und ANKERKETTEN werden nach Bedarf eingesetzt.

Stifteln
Perlen werden auf Kettel- oder Prismenstifte gesteckt, eine Ende wird zu einer Öse gebogen, damit die Perlen so auf verschiedene Arten miteinander verbunden werden können.

Ringschiene
Ringschienen können aus verschiedenen Perlen angefertigt werden. Doppelkegelförmige Swarovski®-Perlen sollten nicht verwendet werden, da sie scharfkantig sind. Während des Fädelns den Ring immer wieder anprobieren.

Werkzeuge und Hilfsmittel
Verschiedene Zangen sind für die Schmuckherstellung unerlässlich. Mit einer KNEIFZANGE wird Draht zugeschnitten, mit einer schmalen FLACHZANGE können Quetschperlen und Quetschkalotten fixiert werden, mit einer RUNDZANGE werden Ösen gebogen. Eine SCHERE wird zum Zuschneiden von Nylonfaden benötigt. Eine PINZETTE ist für feine Arbeiten sehr hilfreich und ein ZAHNSTOCHER hilft beim Auftragen von Klebstoff.

Angelika Ruh ist in der Nähe von Stuttgart aufgewachsen und hat dort auch das Abitur gemacht. Nach dem Erlernen eines technischen Berufs siedelte sie nach Konstanz am Bodensee um. Dort führt sie mit ihrem Sohn ein lebhaftes, ausgefülltes und fröhliches Leben am Fuße der Alpen. Neben ihrer Arbeit in einer Sportfirma ist sie seit einigen Jahren freie Mitarbeiterin eines namhaften Unternehmens der Bastel- und Hobbybranche. Durch diese spannende Tätigkeit, den Kontakt mit Endverb chern und Fachhändlern, das Wissen um neueste Materialien u.d Tren. betritt sie immer wieder kreatives Neuland und setzt ihre Ideen um. Dieses Wissen und Gespür kommt ihr bei ihrer Tätigkeit als Autorin des frechverlags zugute. Ihre Bücher zur Schmuckgestaltung mit Swarovski®-Perlen sind sehr erfolgreich und immer am Puls der Zeit. Man spürt einfach, dass das Arbeiten mit Perlen ihre große Leidenschaft ist. Und diese gibt sie gerne an alle Interessierten weiter.

Wir danken der Firma Rayher Hobby GmbH, Laupheim, für die freundliche Unterstützung.

IMPRESSUM

FOTOS: frechverlag GmbH, 70499 Stuttgart; Ullrich & Co., Renningen (alle außer den in folgenden genannten) Hans-Peter Hauff, Konstanz (S. 60)
KONZEPT: Monique Rahner
PROJEKTMANAGEMENT, LEKTORAT: Claudia Mack
GESTALTUNG: Heike Wenger
DRUCK UND BINDUNG: frechdruck GmbH, Stuttgart
MODERATION WORKSHOP AUF DVD: Stephanie Eckstein
Modelle: Angelika Ruh

Auflage: 5. 4. 3. 2.
Jahr: 2010 2009 2008 2007 2006 [Letzte Zahlen maßgebend]

ISBN 10: 3-7724-5051-2
ISBN 13: 978-3-7724-5051-8
Best.-Nr. 5051